UTB 3015

Eine Arbeitsgemeinschaft der Verlage

Böhlau Verlag · Köln · Weimar · Wien
Verlag Barbara Budrich · Opladen · Farmington Hills
facultas.wuv · Wien
Wilhelm Fink · München
A. Francke Verlag · Tübingen und Basel
Haupt Verlag · Bern · Stuttgart · Wien
Julius Klinkhardt Verlagsbuchhandlung · Bad Heilbrunn
Lucius & Lucius Verlagsgesellschaft · Stuttgart
Mohr Siebeck · Tübingen
C. F. Müller Verlag · Heidelberg
Orell Füssli Verlag · Zürich
Verlag Recht und Wirtschaft · Frankfurt am Main
Ernst Reinhardt Verlag · München · Basel
Ferdinand Schöningh · Paderborn · München · Wien · Zürich
Eugen Ulmer Verlag · Stuttgart
UVK Verlagsgesellschaft · Konstanz
Vandenhoeck & Ruprecht · Göttingen
vdf Hochschulverlag AG an der ETH Zürich

UTB Profile

Sieglinde Rosenberger, Gilg Seeber

Wählen

facultas.wuv

Bibliografische Information Der Deutschen Nationalbibliothek
Die Deutsche Nationalbibliothek verzeichnet diese Publikation
in der Deutschen Nationalbibliografie;
detaillierte bibliografische Daten sind im Internet über
http://d-nb.de abrufbar.

1. Auflage 2008

Grafisches Konzept: Alexandra Brand
Satz: Ekke Wolf, typic.at
Druck: Druckerei Pustet, Regensburg
Printed in Germany

ISBN 978-3-8252-3015-9

Inhaltsverzeichnis

Einführung

Hauptteil

Serviceteil

Einführung

Wahlen als Methode der Demokratie

In welchen Situationen haben Menschen mit „Politik" zu tun? Wann debattieren oder streiten sie über PolitikerInnen? Zu welchen Anlässen sind BürgerInnen direkt involviert, beteiligen sich an Politik? Die Antworten werden in vielen Fällen mit Wählen und Wahlen zu tun haben. Erstens weil Wählen als Beteiligungspraxis im Vergleich die quantitativ wichtigste und gleichzeitig auch sozial egalitärste politische Partizipationsform ist; und zweitens weil sich die politische Kommunikation auf Wahlen, Wahlkämpfe und -ergebnisse konzentriert. Wahlen bringen die Politik in die Wohnzimmer und an die Stammtische. So wird in Europa über Funktionsweisen des politischen Systems der USA insbesondere dann berichtet, wenn in New Hampshire die Vorwahlen für die Präsidentschaftswahlen stattfinden; so erfahren wir in Europa über politische und wirtschaftliche Entwicklungen afrikanischer oder zentralasiatischer Staaten vorwiegend dann, wenn Wahlergebnisse nicht den liberal-demokratischen Standards entsprechen, von der Opposition nicht anerkannt werden, Menschen auf den Straßen demonstrieren oder die Polizei gewaltsam Kundgebungen auflöst.

Wahlen, KandidatInnen und deren Images und Soundbites sind Anlass, über repräsentative Politik zu informieren, aber auch mit und durch Politik zu unterhalten. Wahlkämpfe und (erwartete) knappe Resultate lassen sich als Sportarena, in der PolitikerInnen und Parteien sich ein spannendes Wettrennen liefern, inszenieren und aufregend präsentieren. Wahlen machen die Professionalisierung von Politik in Flächendemokratien besonders deutlich. Im näheren Umfeld von politischen Parteien entwickelt sich für PolitikberaterInnen ein Arbeitsmarkt, in den hohe Summen öffentlichen und privaten Geldes fließen. KandidatInnen wiederum investieren viel Zeit, soziales Kapital und Ressourcen, um gewählt bzw. wiedergewählt zu werden. Wahldemokratien sind kostspielig, moderne Wahlkämpfe teuer. Tendenzen der Personalisierung und Inszenierung überlagern nicht selten die in Demokratietheorien formulierte primäre Aufgabe der öffentlichen Auseinandersetzung mit Positionen, Programmen und Themen. Was Wahlen demokratiepolitisch sollen, unterscheidet sich oft von dem, was WahlmanagerInnen und Massenmedien aus und mit ihnen machen (zu Wahlkämpfen siehe: Plasser 2003; Strohmeier 2001; Holtz-Bacha 2006; Imhof, Blum, Bonfadelli & Jarren 2006).

Wahlen – Wahlrechte und -systeme, Wahlmotive und -verhalten, Parteien und KandidatInnen – sind ein Spiegelbild der jeweiligen Gesellschaften und Kulturen. Sie geben Auskunft über den Status quo der politischen Macht ebenso wie über Strukturmerkmale des Mediensystems, enthalten Informationen über gesellschaftlichen Wandel, bringen ökonomische, soziale, ethnische und kulturelle Konflikte zum Ausdruck, schlagen sich schließlich in Parteiensystemen nieder. Gesellschaftliche Stabilität und soziale Zufriedenheit sind in Wahlprozessen ebenso ablesbar wie Erosionen und Krisen. Mit anderen Worten: Die große Bandbreite an unterschiedlichen Wahlrechten, -systemen und technischen Prozeduren, die allein in den europäischen Staaten zu beobachten sind, ist nicht zuletzt ein Indikator ihrer Interessen- und Machtgebundenheit.

Und doch gelten faire und kompetitive Wahlen als Fundamente der liberalen, repräsentativen Demokratie (Katz 1997). Erst im Kampf der Wahlrechtsbewegungen des 19. und 20. Jahrhunderts gegen Gottesgnaden- und Monarchentum setzte sich die Idee der Volkssouveränität als einzige Legitimationsquelle konstitutionell verfasster Politik durch. Demokratische Wahlen sind in großflächigen, pluralistischen Gesellschaften der Modus, mit dem politisches Führungspersonal ausgewählt und auf Zeit legitimiert wird, stellvertretend zu entscheiden. Der instrumentelle Charakter der Generierung und Kontrolle von politischen EntscheidungsträgerInnen durch faire und kompetitive Wahlen begründet den fundamentalen Unterschied zwischen Demokratie und autoritären bzw. totalitären Systemen (Lijphart 1999). Gleichzeitig erweist sich in zahlreichen Einwanderungsgesellschaften die Praxis der liberalen Demokratie aber als defizitär (Valchars 2006). Allgemeine, an die Staatsbürgerschaft gebundene Wahlrechte gewährleisten zunehmend weniger die Realisierung der Inklusion und Gleichheit – im Zuge von Migration und Mobilität wächst die Zahl der Menschen, die von der Möglichkeit der Teilhabe am politischen Prozess ausgeschlossen sind.

Aus welcher Perspektive betrachten diese Profile das „Wählen"? Welche theoretischen Zugänge leiten die Ausführungen zu diesem Thema, das einerseits gesellschafts- und machtpolitisch höchst relevant ist und andererseits am Image des allzu Technischen und der Zahlenspielereien leidet?

Dieses Buch will erstens eine konzise Einführung zum politischen Wählen sein. Die empirischen Verweise, die sich vorzugsweise auf Deutschland, Österreich und die Schweiz beziehen, dienen der Illustration der analytischen Gedankengänge. Der inhaltliche Zugang ist weniger durch die in der Wahlforschung üblichen Fragen wie „Wer gewinnt, wer verliert warum?“ oder durch Interessenlagen von politischen Parteien, PolitikberaterInnen und Meinungsforschung bestimmt, sondern er ist primär durch demokratiepolitische Konzepte und Probleme angeleitet. Intakte wie gestörte Beziehungen zwischen realen Demokratien bzw. Demokratiemodellen und kompetitiven Wahlen stehen im Mittelpunkt. Grundsätzlich schließen wir uns der Powell'schen Sichtweise von Wahlen als notwendigen Instrumenten in modernen Flächendemokratien an (Powell 2000) und thematisieren demokratiepolitisch relevante Aspekte des Wählens (wie Repräsentation, Responsivität, Verantwortlichkeit und Kontrolle), des erkämpften bzw. verweigerten Zugangs zu Wahlrechten, der Übersetzung von abgegebenen Stimmen in Mandate, Sitze und Regierungsmacht und der Bindung an gesellschaftliche wie ökonomische Spannungslinien und Entwicklungen. Dabei wollen wir konsequent auf die Interessengebundenheit von Wahlbestimmungen, d. h. auf den engen Zusammenhang von gesellschaftlichen und politischen Machtverhältnissen und Wahlrechten, achten. Denn für Wahlbestimmungen gilt konstitutiv, dass PolitikerInnen und politischen Parteien die Spielregeln, auf deren Grundlage sie gewählt, legitimiert und kontrolliert werden, auch selbst beschließen. Daher ist es nicht überraschend, dass Wahlergebnisse nicht nur vom Wahlverhalten der WählerInnen abhängen, sondern auch von der Ausgestaltung von Wahlrechten und -systemen. In diese wiederum gehen neben taktischen Überlegungen auch demokratiepolitisch variierende Vorstellungen über Repräsentation von Gruppen und Individuen, Stabilität oder Effizienz ein.

Dieses Buch will zweitens einen Fokus auf Wählen als politische Partizipationsform legen. Der partizipatorische Blick erlaubt es, Wählen nicht primär als einen Modus der Stimmabgabe zu interpretieren, sondern wir orientieren uns an der Idee, eine Stimme zu haben, sie erheben zu können und deshalb gehört zu werden – d. h., mit Wahlmacht ausgestattet zu sein. Wahlberechtigte drücken mit ihrem Votum Interessen, Wünsche und Präferenzen aus, erheben also ihre Stimme. Mit dem allgemeinen Wahlrecht war im 19. Jahrhundert die Hoffnung auf politische Emanzipation und soziale Gerechtigkeit verbunden, heute ist mit politischen Rechten meist auch ein Mehr an Lebensstandard und materiellem Wohlstand verknüpft. Enttäuschen die Regierenden die Erwartungen der WählerInnen, dann gibt es in regelmäßigen Abständen die Möglichkeit zu sanktionieren, einen Regierungswechsel herbeizuführen, AmtsinhaberInnen abzuwählen.

Kurzum: Dieses Buch thematisiert Massendemokratien, die „Demokratie der Vielen" also und wie diese Vielen durch den Wahlprozess mit der politischen Klasse, mit politischen Parteien und PolitikerInnen verbunden sind. Daraus leitet sich der Titel dieses Kompendiums ab – nicht Wahlen, sondern Wählen steht im Mittelpunkt, und demokratiepolitische Überlegungen, Chancen auf Emanzipation und Teilhabe ebenso wie Kritik an der wachsenden Exklusion aus der BürgerInnenschaft bestimmen den Inhalt.

Mit den Worten des die Volksbeteiligung und die Repräsentativregierung bereits früh verteidigenden liberalen Denkers John Stuart Mill, 1861 in *Considerations on Representative Government* formuliert, wollen wir einleitend schließlich zu bedenken geben: „Nothing else can be ultimately desireable than the admission of all to share in the souvereign power of the state".

Literatur

Holtz-Bacha, Christina (2006): Die Massenmedien im Wahlkampf. Die Bundestagswahl 2005. Wiesbaden: Verlag für Sozialwissenschaften.

Imhof, Kurt, Blum, Roger, Bonfadelli, Heinz & Jarren, Otfried (Hg.) (2006): Demokratie in der Mediengesellschaft. Wiesbaden: Verlag für Sozialwissenschaften.

Katz, Richard S. (1997): Democracy and Elections. New York, Oxford: Oxford University Press.

Lijphart, Arend (1999): Patterns of Democracy. Government Forms and Performance in Thirty-Six Countries. New Haven & London: Yale University Press.

Plasser, Fritz & Plasser, Gunda (2003): Globalisierung der Wahlkämpfe. Praktiken der Campaign Professionals im weltweiten Vergleich. Wien: WUV Universitätsverlag.

Powell, G. Bingham (2000): Elections as Instruments of Democracy. Majoritarian and Proportional Visions. New Haven & London: Yale University Press.

Strohmeier, Gerd (2001): Moderne Wahlkämpfe – wie sie geplant, geführt und gewonnen werden. Baden-Baden: Nomos Verlagsgesellschaft.

Valchars, Gerd (2006): Defizitäre Demokratie. Staatsbürgerschaft und Wahlrecht im Einwanderungsland Österreich. Wien: Braumüller.

Hauptteil

1 Wahldemokratien

Wahldemokratien, Flächendemokratien, Massendemokratien, liberale Demokratien – Begriffe und Schlagwörter, die eines gemeinsam haben: Ihr Verständnis von Demokratie kreist um Wahlen und Wahlprozesse. Freie, kompetitive Wahlen sind in diesen Formen die demokratische Methode zur Bestellung und Abwahl von politischen EntscheidungsträgerInnen. Die viel strapazierte Idee der Volkssouveränität wird hier nicht als Selbstherrschaft – Herrschaft des Volkes – übersetzt, sondern als Herrschaft durch auf Zeit gewählte VertreterInnen – Herrschaft durch das Volk. Die gewählten VertreterInnen treffen, im Namen oder im Interesse der Wahlbevölkerung – die demokratisierte Sprechweise ist Wählerwille –, die politischen Entscheidungen; die WahlbürgerInnen (StaatsbürgerInnen) üben durch die Beteiligung an der Auswahl des politischen Führungspersonals nicht nur Einfluss auf die personelle Zusammensetzung von Parlamenten und Regierungen aus, sondern auch auf politische Orientierungen. So weit die zentralen Annahmen der repräsentativen Demokratien, der Wahldemokratien.

So wichtig in liberal-pluralistischen Demokratiekonzepten Wahlen auch sein mögen, das Instrument an sich schafft noch keine intakte, qualitätsvolle Demokratie. Denn auch die Mächtigen in autoritären, selbst in totalitären Systemen lassen wählen. Folglich ist nicht jede Wahl eine demokratische Wahl. Damit ein politisches System daher zu Recht als demokratisch gilt, müssen im Wahlprozess einige an der Idee der Gleichheit orientierte Kriterien und Prämissen erfüllt sowie individuelle Grundfreiheiten und Rechtsstaatlichkeit gegeben sein.

Beteiligung und Repräsentation der Wahlbevölkerung, Verantwortlichkeit und Responsivität der politischen Eliten sind Säulen der liberalen Wahldemokratie. Der elektorale Prozess stellt die Verbindung zwischen WählerInnen und Gewählten, zwischen Repräsentierten und RepräsentantInnen her. Wie diese Verbindung, auch Brücke genannt, in Wahldemokratien gebaut ist, wie die Verlinkung zwischen Parlamenten, Regierungen und WählerInnen konkret funktioniert, hängt von der jeweiligen Ausgestaltung von Wahlrechten und -systemen ab (siehe Kapitel zwei und drei). Wie aber das Verhältnis von Demokratie und Wahlen theoretisch begründet wird und was den Kern von Wahldemokratien ausmacht, dies wird in diesem Kapitel diskutiert. Worin liegt die Volkssouveränität? Was macht Wahldemokratien stabil? Welche Probleme in der Beziehung von Wahlen und Demokratie sind aktuell virulent?

Bevor wir zu Antworten auf diese Fragen kommen, skizzieren wir eine globale Erfolgsgeschichte – und zwar die der Wahldemokratien.

Eine Erfolgsgeschichte

Das Faktum der Durchführung regelmäßiger und fairer Wahlen steht im Mittelpunkt, wenn Samuel Huntington (1991) euphorisch das Bild von der dritten Welle der globalen Demokratisierung entwirft. Im Jahre 1974, dem Jahr, in dem die Militärdiktatur in Portugal zu Ende ging, wurden weltweit 39 Wahldemokratien, d. h. Staaten mit Mehrparteiensystem und fairen Wahlen, gezählt. Seither durchliefen eine Reihe von ehemals autoritär regierten Ländern Demokratisierungs- und Nationalisierungsprozesse. *Freedom House,* eine unabhängige Nichtregierungsorganisation, die sich nach eigener Darstellung gegen Tyrannei und für Freiheit engagiert, identifiziert für das Jahr 2007 immerhin 123 Wahldemokratien (von nun insgesamt 193 Staaten). Die in diesen Jahrzehnten in der Geschichte der Demokratien rasante Zunahme an Wahldemokratien wird in erster Linie auf die politische Transformation in Ost- und Südosteuropa sowie auf die Dekolonialisierung in Afrika zurückgeführt (Daniel, Southall & Szeftel 1999).

Huntingtons globale Wellentheorie ist in der Demokratieforschung keineswegs unumstritten. Es wird kritisiert, dass historische Konstellationen, unterschiedliche innere und äußere Faktoren und politische Kräfte, die für Demokratisierungsprozesse relevant seien, nicht oder zu wenig beachtet würden (siehe dazu kritisch Grugel 2002). Von diesen Einwänden aber abgesehen, zeigt allein der quantitative Anstieg von als Wahldemokratien etikettierten politischen Systemen, dass freie Wahlen nicht nur für die Demokratieforschung interessant sind, sondern praktisch auch vermehrt durchgeführt werden.

Freedom House bewertet jährlich die Demokratie- und Freiheitsqualität aller souveränen Nationalstaaten. Für die Beurteilung als Wahldemokratie und/oder liberale Demokratie müssen in einem Mindestausmaß sowohl politische Rechte als auch bürgerliche Freiheiten gesichert sein. Der Gestaltung des Wahlprozesses gilt besondere Aufmerksamkeit.

Zur Bestimmung der politischen Rechte werden folgende Subkategorien herangezogen: Durchführung von regulären und fairen Wahlen (das Wahlgeheimnis muss geschützt sein, Wahlbetrug darf nicht vorliegen); Wettbewerb und Pluralismus (kompetitives Mehrparteiensystem; Pluralismus bedeutet, dass mehrere Parteien oder KandidatInnen unter den gleichen rechtlichen Bedingungen bei der Wahl antreten); der Medienzugang der politischen Parteien und der KandidatInnen muss ebenso gegeben sein wie faire, gleiche Bedingungen für die Wahlkampagnen; keine Barrieren bei der Registrierung der zu Wählenden und der WählerInnen; kein Druck auf die Wahlausübung; allgemeines Wahlrecht für alle Erwachsenen; Wahlbeobachtung muss ebenso möglich sein wie eine transparente Wahlauszählung; Regierung und Parlamente müssen bestimmte Funktionen erfüllen. Zur Bewertung der bürgerlichen Freiheiten werden als Subkategorien Meinungs- und Organisationsfreiheit, Rechtsstaatlichkeit und individuelle Autonomie bzw. individuelle Freiheiten herangezogen.

Im Bewertungsverfahren wird einem Staat in den Subkategorien eine bestimmte Anzahl von Punkten gegeben. Eine Mindestanzahl an Punkten entscheidet letztlich über die Klassifikation der Länder. Als Wahldemokratien ausgezeichnete Staaten haben eine Mindestanzahl von Punkten auf dem Feld der politischen Rechte aufzuweisen. Jene Nationalstaaten, die als liberale Demokratie klassifiziert werden, haben sowohl ein bestimmtes Mindestmaß an Punkten bei der Kategorie politische Rechte als auch bei der Kategorie bürgerliche Grundfreiheiten zu erreichen. Auf dieser Basis nimmt *Freedom House* eine Statusbewertung in „freie", „teilweise freie" und in „nicht freie" Länder vor. Die freien Länder erfüllen sowohl die politischen als auch die bürgerlichen Rechte. Der Begriff Wahldemokratie ist in diesen Ländern mit dem Begriff liberale Demokratie gleichzusetzen. Teilweise freie Länder können unter bestimmten Bedingungen als Wahldemokratien gelten – im Rahmen des Wahlprozesses werden die Mindestanforderungen erfüllt –, sie zeigen aber signifikante Defizite bei den bürgerlichen Freiheiten. Folglich bleibt den teilweise freien Ländern das Etikett liberale Demokratie verwehrt. (In diesem Buch verwenden wir Wahldemokratie und liberale Demokratie synonym, d. h., das von *Freedom House* festgelegte Mindestmaß sowohl an politischen als auch an bürgerlichen Rechten muss in beiden Fällen erfüllt sein.)

Aus Tabelle 1.1 geht die für Deutschland, Österreich und Schweiz gleichermaßen konstatierte hohe Demokratiequalität hervor. Wir sehen aber, dass Abweichungen, die nicht zuletzt im Wahlprozess und in spezifischen Teilnahmekulturen liegen, letztlich doch zu unterschiedlichen Bewertungen führen.

Tabelle 1.1: Kategorale Ausprägung der Demokratiequalität in Deutschland, Österreich und der Schweiz

	PR	CL	Status	A	B	C	D	E	F	G
Deutschland	1	1	F	12	15	12	15	12	15	15
Österreich	1	1	F	12	16	12	16	12	15	15
Schweiz	1	1	F	16	12	16	12	12	15	16

Quelle: Freedom House
Legende:
PR: Political Rights; CL: Civil Rights; Status: F-Free; Sub-Categories: Political Rights: A: Electoral Process; B: Political Pluralism and Participation; C: Functioning of Government; Sub-Categories: Civil Liberties: D: Freedom of Expression and Belief; E: Associational and Organizational Rights; F: Rule of Law; G: Personal Autonomy and Individual Rights.

Demokratie, nicht Diktatur

In der politikwissenschaftlichen Forschung wird entlang der rechtlichen Ausgestaltung und der praktischen Umsetzung von Wahlen eine klare Linie zwischen Demokratie und Diktatur gezogen. So sieht G. Bingham Powell (2000: 47) den fundamentalen Unterschied zwischen Demokratie und Diktatur in der Wahl, genauer gesagt, in der Möglichkeit der Abwahl der Regierung bzw. des Parlaments. Die Praxis des Machtwechsels ist in Wahldemokratien durch institutionelle Arrangements gesichert, in Diktaturen ist ein Machtwechsel nicht vorgesehen.

Auch Dieter Nohlen (2007) trifft eine kategoriale Differenzierung zwischen politischen Systemorientierungen hinsichtlich freier, kompetitiver Wahlen. Die beiden Dimensionen a) freier Wettbewerb zwischen mehreren KandidatInnen/Parteien und b) gleiche Bedingungen im Wahlprozess werden als dafür entscheidend herangezogen, ob ein politisches System als liberal-demokratisch (basierend auf kompetitiven Wahlen), autoritär (basierend auf semikompetitiven Wahlen) oder totalitär (basierend auf nichtkompetitiven Wahlen) bewertet wird. Mit anderen Worten:

Freie Wahlen sind das Kriterium für demokratische Systeme, autoritären oder totalitären Ländern fehlt dieses Prinzip. Wichtig ist zu erwähnen, dass diese Klassifizierung nicht nur auf das Faktum Wahlen abstellt (siehe Tabelle 1.2), sondern dass der Wahlprozess kontextualisiert beurteilt wird. Es wird die Bedeutung von Wahlen im politischen Prozess berücksichtigt.

Die Schlussfolgerung, die mit Blick auf *Freedom House* und akademische Literatur zu ziehen ist, lautet daher: Im Konzept der Wahldemokratie steht der Wahlprozess zwar prominent im Mittelpunkt, es werden stets aber auch institutionelle wie normative Kriterien hinsichtlich der Durchführung und der Grundfreiheiten mit einbezogen.

Tabelle 1.2: Bedeutung und Funktionen von Wahlen

	Kompetitive Wahlen	**Semikompetitive Wahlen**	**Nichtkompetitive Wahlen**
Bedeutung im politischen Prozess	hoch	niedrig	gering
Auswahlmöglichkeit	hoch	begrenzt	keine
Wahlfreiheit	gesichert	eingeschränkt	aufgehoben
Wird Machtfrage gestellt?	ja	nein	nein
Legitimierung des politischen Systems	ja	wird kaum versucht	kaum oder gar nicht
Typ des politischen Systems	liberal-demokratisch	autoritär	totalitär

Quelle: Nohlen 2007: 30

Von der Idee der Selbstbestimmung ...

Richard S. Katz schrieb einen Klassiker unter jenen Büchern, die Wahlen aus der Perspektive von Demokratie diskutieren. In *Democracy and Elections* (1997) werden Wahlen als die moderne Massendemokratien definierende Institution vorgestellt. Die Gleichsetzung von Wahlen und Demokratie wird damit begründet, dass über Gesetze nicht direkt entschieden werde (lediglich in Ausnahmefällen, wie bei Referenden und in den USA auch bei sogenannten *town meetings*), sondern dass gewählte RepräsentantInnen über die Sachthemen abstimmten.

Diese Feststellung, wonach Entscheidungen indirekt, vermittelt getroffen werden, ist empirisch nicht anzuzweifeln. Es stellt sich aber die Frage, worin in Wahldemokratien das substantiell Demokratische verortet wird und durch welche Inhalte, Prinzipien und Prozeduren dieses Demokratiemodell seine Gestalt annimmt?

So viel ist klar: Moderne Wahlen sind mit der klassischen Idee von Demokratie als Selbstbestimmung (Selbstregierung) nicht vereinbar. Im antiken Vorbild der direkten Demokratie Athens regierte das Volk selbst – wobei hier nicht unerwähnt bleiben soll, dass „Volk" nicht die breite Masse war, sondern dass lediglich einige wenige erfasst waren (Saage 2005: 249). Die moderne Institution „Wahlen" hat die Idee der Direktherrschaft abgelöst und den Kern der Volkssouveränität neu bestimmt. Die beschränkte, kontrollierte Herrschaft durch gewählte VertreterInnen ist zur Alternative der Direktherrschaft geworden. Demokratie ist indirekte Demokratie. Mit dem Demokratietheoretiker Giovanni Sartori (1997: 122) gesprochen, ist die indirekte Demokratie jene Demokratie, in der nicht das Volk, sondern von ihm gewählte RepräsentantInnen regieren. Das Wahlvolk, das nicht selbst regiert, entscheidet darüber, von wem es regiert bzw. repräsentiert wird. Die Macht der BürgerInnen äußert sich als Wahlmacht. Nicht die Idee der Selbstherrschaft ist der Angelpunkt von Demokratie, sondern Freiheit und Gleichheit der Vielen werden zum demokratischen Fundament.

Hinter der erfolgreichen Entwicklungsgeschichte der indirekten Demokratie stand ein zunehmend pragmatischer Umgang mit der Größe des politischen Raumes. Aufgrund der wachsenden gesellschaftlichen wie territorialen Komplexität werde Demokratie – Regieren durch das Volk – durch die Existenz von Wahlen und Repräsentation überhaupt erst ermöglicht. Die indirekte Demokratie sei in Flächenstaaten – in territorial großräumigen politischen Einheiten – die organisatorisch machbare Demokratieform, so die Argumentation (Schmidt 2000). Um Raum und Territorium als Komponenten bei der Reformulierung von direkter Demokratie als repräsentative Demokratie aufzuzeigen, wird hier in aller Kürze auf eine Debatte zur Zeit der Gründungs- und Verfassungsgeschichte der Vereinigten Staaten von Amerika verwiesen. James Madison, einer der US-amerikanischen Verfassungsdenker, trifft im 14. der *Federalist Papers* (erschienen im Jahre 1787) die Unterscheidung zwischen Demokratie und Republik. Nach Madison ist Demokratie jene Regierungsform, in der sich das (Wahl-)Volk versammelt und Regierungsgewalt ausübt. Die

Republik hingegen ist das Regierungssystem, in dem die Regierungsentscheidungen durch gewählte Repräsentanten – Madison spricht von Beauftragten – gefällt werden. Eine Republik als Staatsform sei daher für Territorien großen Ausmaßes durchaus möglich, eine Demokratie aber sei auf ein kleines Gebiet, auf wenige Personen, begrenzt.

In demokratietheoretischer Hinsicht ist der springende Punkt, wann und wie die Regierungs- bzw. Staatsgewalt von den BürgerInnen ausgeübt wird. Sartori hält fest, dass in modernen Flächendemokratien das Volk nur in bestimmten, kurzen Phasen die Staatsgewalt ausübe, nämlich zum Zeitpunkt der Stimmenabgabe (Sartori 1997: 73). Diese Sichtweise findet Unterstützung, aber auch Widerrede (wie wir später sehen werden).

Die Idee der Wahlmacht hat Joseph Schumpeter in seinem Ansatz der Konkurrenzdemokratie ausführlich beschrieben. Schumpeter (1950) entwirft im 1942 erstmals erschienen Buch *Kapitalismus, Demokratie und Sozialismus*, also in einer Zeit der totalen Herrschaft, Demokratie nicht als politische Form der Selbstbestimmung des Volkes, sondern als Prozess der Beteiligung der BürgerInnen und als Konkurrenz zwischen Parteien bzw. Personen. Demokratie ist, nach Schumpeter, die regulierte Methode zur Auswahl des politischen Führungspersonals. Willen, Wünsche und Präferenzen der WählerInnen aber kommen über das Eigeninteresse der politischen Klasse zum Tragen. PolitikerInnen und politische Parteien, die an die Macht kommen bzw. dort bleiben wollen, vertreten die Interessen ihrer WählerInnen alleine aus machtegoistischen Gründen, denn sie wollen in der Regel wiedergewählt werden.

Schumpeters Konkurrenzdemokratie basiert auf dem Prinzip der Mehrheit, die aus der Wahl hervorgeht und sich folglich bei den politischen Programmen und Inhalten durchsetzt. Die Mehrheit, und nur sie, regiert, um die Implikation der Konkurrenzdemokratie auf eine Kurzformel zu bringen. Was aber geschieht mit Minderheiten? In demokratietheoretischen Studien und Debatten wird demzufolge vor der Tyrannei der Mehrheit aufgrund von Wahlergebnissen gewarnt. Um institutionell diesem Problem der Willkür durch die Mehrheit zu begegnen, werden in Wahlsystemen Elemente der Repräsentation (Proportionalität, Quoten etc.) eingebaut und individuelle Grundrechte, die der Gestaltungskraft der Mehrheit entzogen sind, konstitutionell verankert. Die Macht der Mehrheit wird in politischen Systemen institutionell beschränkt – allerdings unterschiedlich in Abhängigkeit von Politik- und Demokratieverständnissen.

Kommen wir zu Sartoris Sichtweise der zeitlich limitierten Volkssouveränität zurück, die zwar zutreffend ist, gleichzeitig doch zu kurz greift. Die Wahl ist zwar jenes Instrument, das die BürgerInnen punktuell zum

Souverän macht, sie ist aber auch jenes Instrument, das BürgerInnen mit Parlamenten und Regierungen über den Zeitpunkt der Stimmabgabe hinaus verbindet. Interessant ist es daher, einen Blick auf Wahlen als Brückenfunktion zwischen WählerInnen und Gewählten zu werfen, konkret auf die Gestaltung der Interaktion zwischen Regierung und Wahlvolk das Augenmerk zu legen. Dabei handelt es sich um Aspekte der Funktion von Wahlen, die insbesondere in Wahlrechten (siehe Kapitel zwei) und Wahlsystemen (siehe Kapitel vier) mehr oder weniger demokratisch akzentuierte Gestalt annehmen (siehe Kapitel drei).

... zur elektoralen Brücke

Wahlen haben Funktionen, die in den einzelnen demokratietheoretischen Zugängen beträchtlich variieren. Unter dem Blickwinkel von fairen Wahlen als Instrument der liberalen Demokratie werden in der Literatur (z. B. Powell 2000; Nohlen 2007) den Wahlen folgende Aufgaben normativ zugeschrieben:

- Wahlen decken die Inputseite von liberalen Demokratien ab. WählerInnen partizipieren und kommunizieren ihre Wünsche und Interessen, sie drücken ihr Vertrauen in und die Zufriedenheit mit den demokratischen Institutionen aus.
- Durch Wahlen werden Meinungen und Interessen der Wahlbevölkerung in den legislativen Einrichtungen repräsentiert.
- Durch Wahlen wird das politische Führungspersonal ausgewählt. Über Prinzipen wie Verantwortlichkeit und Responsivität werden die Gewählten an die Präferenzen der WählerInnen rückgekoppelt.
- Über die Rückkoppelungsschleife sind Wahlen auch eine Gelegenheit, über Politik öffentlich zu diskutieren, zu reflektieren und dafür zu werben, kurzum, eine öffentliche Sphäre für Politik zu schaffen.
- Über Wahlen wird Kontrolle ausgeübt. Der stärkste Kontrollmechanismus ist die Machtzuweisung auf Zeit (periodische Wahlen). In liberalen Demokratien führen Wahlen zur legitimen, international anerkannten Form des Macht- und Regimewechsels.
- In ethnisch und kulturell heterogenen Gesellschaften kommt Wahlen die Funktion der Integration, der Konfliktbefriedung und der Bildung eines konsensfähigen Gemeinwillens zu. Durch spezifische institutionelle Settings, wie das föderative System der Schweiz, können kulturelle, religiöse und sprachliche *cleavages* erfolgreich verwaltet werden, so Robert Dahl (2000).

Die elektoralen Verbindungen sind in der Diversität der realen Welt vielfältig geregelt. Aufgrund der Existenz unterschiedlicher nationaler Wahlrechte und Wahlsysteme werden individuelle Wahlentscheidungen in recht unterschiedlicher Weise in politische Entscheidungen übersetzt. Die Wahlrechte/Wahlsysteme definieren schließlich in nicht unwesentlichem Ausmaß, welchen Einfluss eine Wahlentscheidung auf den Verhandlungsprozess über Inhalte und Themen ausübt. In diesen Regelungen spiegeln sich sowohl direkte als auch indirekte, input- und outputorientierte Demokratieverständnisse wider. Um ein Beispiel zur Erläuterung zu nennen: Die Festlegung von Wahlfristen ist als Ausdruck der Demokratieauffassung der Regierenden zu sehen. Je kürzer die Legislaturperioden sind, desto stärker werden die Präferenzen der WählerInnen umgesetzt werden; je länger diese aber dauern, desto eher werden unpopuläre Maßnahmen verabschiedet werden (Schmitt 2005: 5).

Um weiterhin mit der Metapher „elektorale Brücke" zu sprechen – die Hauptpfeiler der Brücke zwischen Wählenden und Gewählten sind Kontrolle, Verantwortung und Repräsentation.

Verantwortung und Kontrolle

Powell (2002) weist darauf hin, dass bei WählerInnen im Zusammenhang mit der Einflussnahme auf politische EntscheidungsträgerInnen zwei Zeitperspektiven relevant sein können: Periodische Wahlen können als prospektive und/oder als retrospektive Einwirkungsmöglichkeit wahrgenommen werden.

Bei der prospektiven Einflussnahme werden Erwartungen an die PolitikerInnen dadurch zum Ausdruck gebracht, dass die Wahl als Machtzuteilungsmechanismus aufgefasst wird. Durch die Auswahl bestimmter Personen bzw. durch die Stimmabgabe für bestimmte politische Parteien werden politische Eliten generiert und Parlamente und Regierungen kreiert, an die bestimmte ideologische wie inhaltliche Erwartungen geknüpft werden.

Das retrospektive Wählen hingegen bewertet die vergangenen Leistungen und Aktivitäten der Regierungs- und Oppositionsarbeit. Der Souverän, das Wahlvolk übt elektorale Kontrolle aus, die ehemals Gewählten werden zur Verantwortung gezogen (elektorale Verantwortlichkeit). Die WählerInnen sanktionieren, positiv oder negativ, die RepräsentantInnen, d.h., aufgrund der vergangenen/bisherigen Leistungen werden sie wieder- oder abgewählt. Eine wesentliche Bedingung, damit die WählerInnen durch die Wahl eine informierte Kontrolle ausüben können, ist die Klarheit der Verantwortung. Durch Minderheitsregierungen, Teilnahme der Opposition an der Regierung, Koalitionsregierungen etc. können die Verantwortungsstrukturen verschwimmen, kann Kontrolle also nur reduziert ausgeübt werden.

Dass die Wirklichkeit der Wahlkämpfe sich oft anders präsentiert, abseits einer Evaluierung der Leistungen, soll nicht unerwähnt bleiben. Wahlkämpfe erweisen sich nicht selten als Auslöser populistischer Politik, nutzen Emotionen und wollen unterhalten, ohne eine Debatte über die Aktivitäten und die zukünftigen Perspektiven zu führen (Mansbridge 2005).

Politiker und Politikerinnen treffen stellvertretend – im Namen des Volkes bzw. der WählerInnen – die politischen Sachentscheidungen. Sie treffen diese, ohne rechtlich bindende Aufträge auszuführen, also ohne imperatives Mandat. Sie sind keine Anwälte eines aggregierten Wählerwillens. Formell sind die ParlamentarierInnen bei den Entscheidungen für das Gemeinwohl nur ihrem eigenen Gewissen verantwortlich. Faktisch jedoch werden sich die gewählten RepräsentantInnen im Wissen um das Erfordernis der Wiederwahl, wie Schumpeter betont, im Sinne des Eigeninteresses an den Interessen ihrer WählerInnen orientieren. Sie werden sich gegenüber diesen Wünschen responsiv zeigen. Aus diesem Gedanken leitet sich her, dass die BürgerInnen nicht nur Einfluss auf die Auswahl des politischen Personals, sondern auch auf Politikinhalte ausüben.

Repräsentation

Wie oben bereits ausgeführt, machen Arbeitsteilung und Vertretung Demokratie in komplexen, heterogenen Gesellschaften organisatorisch erst möglich, und Wahlen sind das konkrete Instrument, RepräsentantInnen zu bestimmen und repräsentative Organe personell zu besetzen (Parlamente, Regierungen). Wie aber wird erreicht, dass diese Organe in inhaltlicher wie personeller Hinsicht für die gesamte Bevölkerung repräsentativ sind (deskriptive Repräsentation) bzw. repräsentativ entscheiden (substantielle Repräsentation)?

Die theoretische wie politische Herausforderung repräsentativer Demokratien liegt darin, dass die RepräsentantInnen die Präferenzen der Repräsentierten realisieren, dass die unterschiedlichen gesellschaftlichen Gruppen eine Stimme bekommen und dass schließlich die Kluft zwischen Gewählten und WählerInnen zumindest klein gehalten wird (Pollak 2005).

Hannah Pitkin (1967) beschäftigte sich mit der Frage, was bzw. wer repräsentiert werden soll und wie dies zu gestalten sei. Sie plädiert dafür, dass die Gewählten sich gegenüber den WählerInnen responsiv verhalten. Für eine optimale Repräsentationsleistung müssten von den Wünschen der WählerInnen abweichende Entscheidungen, die von politischen AkteurInnen getroffen werden, die Ausnahme bleiben. Denn substantielle Repräsentation bedeute, eine mehr oder weniger große Übereinstimmung zwischen den Präferenzen der WählerInnen und den Entscheidungen der Gewählten herzustellen.

In den meisten Parlamenten ist die territoriale Repräsentation durch die spezifische Gestaltung des Wahlrechts (Zuteilung von Mandaten auf der Grundlage von Wahlkreisen) weitgehend realisiert. Die Regionen sind in gewisser Weise durch Quotenregelungen repräsentiert. Allein die wahlrechtliche Sicherstellung der regionalen Repräsentation gewährleistet aber kein demographisches Abbild der „Volksvertretung". Nach Jane Mansbridge (2005) laufe die elektorale Verbindung zwischen WählerInnen und Gewählten lediglich auf eine notwendige Bedingung für eine faire Repräsentation hinaus, sie sei aber nicht hinreichend. Wahlen zeigten bei der Herstellung von Repräsentation vielmehr eine Reihe von Defiziten. Dem Ziel einer spiegelbildlichen Vertretung der Bevölkerung im Parlament komme das Verhältniswahlrecht zwar deutlich näher als das Mehrheitswahlrecht, aber auch jenes zeige Schwachstellen. Um eine faire, deskriptive Repräsentation der Interessen und Präferenzen aller Gruppen der Bevölkerung zu gewährleisten, auch jener von Minderheiten und politisch Marginalisierten, brauche es separate Regelungen. Gruppenrepräsentation von benachteiligten Gruppen oder Quotenregelungen für Frauen wären erforderlich. Diese Forderungen nach einer „Politik der Präsenz" erweitern das liberal-demokratische Verständnis, bei dem Wählen in erster Linie eine individuelle Aktivität zur Auswahl der Regierenden darstellt, um Aspekte der Ergebnisgleichheit und Gerechtigkeit.

Politische Teilnahme

Das verbriefte Recht auf politische Teilnahme ist für Demokratien konstitutiv. Intensität und Häufigkeit der Beteiligung sind in unterschiedlichen Demokratiekonzeptionen aber unterschiedlich verankert. Die Beteiligungsform Wählen in der liberalen Demokratie zeigt im Wesentlichen folgende Kennzeichen: Sie ist periodisch, verrechtlicht, konventionell und setzt wenig Ressourcen voraus.

„In repräsentativen Demokratien besteht dieses Recht vor allem darin, die Personen oder die Parteien zu wählen, die mit der politischen Entscheidungsfindung betraut werden sollen. Daraus folgt, dass erstens das Wahlrecht ein allgemeines Recht ist und dass zweitens Wahlen in regelmäßigen Abständen stattfinden, so dass alle Bürger die Möglichkeit haben, ihr Recht auf politische Partizipation ... immer wieder wahrzunehmen" (Schmitt 2002: 5). WählerInnen partizipieren also in periodischen Abständen, zwischen den Wahlgängen ist die Einbindung in Willensbildungs- und Entscheidungsprozesse bescheiden.

Roland Inglehart (1997) differenziert zwischen elitengeregelten und die politische Klasse herausfordernden Formen politischer Partizipation. Wahlen sind demnach ein Top-down-Instrument, da die Durchführung des Wahlprozesses von den politischen Eliten stark verrechtlicht ist. Der Wahltermin wird ebenso von den Parlamenten festgelegt wie die Techniken der Auszählung und die Umrechnung der Stimmen in Mandate.

Wählen ist in allen europäischen Ländern, trotz sinkender Wahlbeteiligung, die am häufigsten praktizierte Partizipationsform. Dieses quantitative Moment ist es schließlich, das die Wahlbeteiligung als konventionell klassifiziert. Im Vergleich zu unkonventionellen, direkten Beteiligungsformen setzt das Wählen weniger Ressourcen und Verfügbarkeiten wie Zeit, Bildung und Geld voraus. Wählen ist sozioökonomisch betrachtet die egalitärste politische Teilnahmeform. Weder Zeit zur Muße (Aristoteles) noch soziale Ungleichheit schlagen sich in merklicher Weise nieder (Lijphart 1997).

Da der Gang zur Urne und die Abgabe der Stimme vergleichsweise wenig Ressourcen voraussetzen, gilt das Wählen – wenn auch zu Unrecht – als einfache, simple Aktivität, bei der bloß zwischen mehreren Optionen mit Hilfe eines X eine Entscheidung zu treffen ist (Evans 2004). Dieser Einschätzung ist zu widersprechen. Insbesondere in Wahlsystemen mit Verhältniswahlrecht und mit einer größeren Anzahl von konkurrierenden Parteien sind beim Wahlakt nicht nur Personen und Programme in Erwägung zu ziehen, sondern potentiell auch konkurrierende Regierungsvarianten. Taktisches Wählen ist erforderlich, um letztlich die am ehesten gewünschte politische Ausrichtung zu bekommen. Taktisches Wählen setzt aber Informationen über das Verhalten der anderen WählerInnen ebenso wie das Wissen um Koalitionsvarianten voraus.

Schließlich kommen wir zu einem, aus der Perspektive der WählerInnen betrachtet, ambivalenten Kern der Wahlaktivität. Wählen ist eine individuelle, höchst persönliche, ja geheime Aktivität und trägt doch ausschließlich zu einem kollektiven Resultat bei. Das Wahlergebnis setzt sich aus dem Verhalten vieler zusammen, es bildet sich in pluralistischen Gesellschaften aus individuellen und Gruppeninteressen. Folglich ist die Erfüllung der Präferenzen der WählerInnen vom Wahlverhalten anderer abhängig. Das Resultat bietet nicht jeder Wählerin / jedem Wähler Genugtuung und Belohnung. Anders als bei den meisten Marktentscheidungen bekommen sie nicht in jedem Fall das politische Programm oder die Personen, für die sie votierten (Katz 1997). Dieses Faktum kann, so Gery Stoker (2006), eine Erklärung für die Distanzierung von Menschen von Politik sein. Da aber andererseits das (gewünschte oder unerwünschte) Ergebnis der Wahl wiederum nicht nur das Individuum allein betrifft, sondern die politische Gemeinschaft an sich, bedeutet nicht wählen aber keineswegs, sich vor den Konsequenzen des Wahlergebnisses immunisieren zu können. Vom Urnengang kann sich jemand fernhalten, nicht jedoch von den Folgen des Wahlergebnisses. Parteien und Personen regieren trotzdem, auch wenn sie von einzelnen Personen nicht gewählt worden sind. Beim Wählen gibt es, anders als bei anderen individuellen Entscheidungen, keine wirkliche Exit-Strategie (siehe dazu auch Kapitel vier).

Schwache Beteiligungsform?

Wählen realisiere eine elitistische, minimalistische Konzeption von Demokratie, der es an Engagement und direkter Involvierung der Menschen am politischen Geschehen fehle; Wählen sei eine schwache Beteiligungsform, weil sporadisch und indirekt ausgeübt, so die Kritik von VertreterInnen eines beteiligungsstarken Demokratiemodells. Jane Mansbridge (2005) kritisiert an Wahlen, dass diese lediglich eine binäre Information enthielten und das „Kreuz" nicht mit „Stimme" gleichzusetzen sei. Allein durch den Wahlakt könnten die WählerInnen keine Präferenzen an die EntscheidungsträgerInnen weitergeben.

Der das Wählen zentrierende liberale Demokratietypus wird von der partizipativen oder auch starken Demokratie abgegrenzt. Vertreterinnen der partizipativen Demokratietheorie, wie Benjamin Barber, Carol Pateman und Jane Mansbridge, unterstreichen die Relevanz von öffentlicher Deliberation und direkter Mitwirkung in Entscheidungsprozessen. Die partizipative Demokratie plädiert (normativ) für direkte Mitbestimmungs- und Mitentscheidungsmöglichkeiten über Inhalte und Positionen, nicht zuletzt mit dem Argument der sozialen Kohäsion und der Gemeinschaftsbildung (Barber 1994).

Dass das liberale Demokratieverständnis auf der Partizipation mittels Wahlen beruht und andere Praxen der Teilnahme tendenziell vernachlässigt, trifft für die theoretische Seite zweifelsohne zu. Die Kritik ist aber in praktischer Hinsicht etwas verfehlt. Wie der empirische Blick auf die Bereitschaft zur und die Häufigkeit der tatsächlichen Inanspruchnahme von Aktivitäten, wie etwa Teilnahme an Demonstrationen, das Unterschreiben von Petitionen, Mitarbeit in politischen Parteien, Verbänden und Organisationen, zeigt, gehen Menschen wählen, und sie üben zusätzlich weitere politische Aktivitäten aus. Der empirische Befund ist folgender: Wer wählt, praktiziert eher auch andere Partizipationsformen als Menschen, die nicht zur Wahl gehen. Mehrfachaktivitäten und nicht Entweder-oder-Situationen sind das Ergebnis, zu dem der European Social Survey auf der Grundlage von Befragungen kommt (Jowell 2007).

Diese Evidenz der Mehrfachaktivität ist nicht überraschend, denn in allen Phasen der Ausweitung der Wahlberechtigung haben sich politische Bewegungen und politische Parteien entwickelt, die Partizipationsressourcen aufbauten, Institutionen, Informationen und soziale Kontakte ermöglichten. Insbesondere für Europa gilt, dass Wählen von einer Reihe von Aktivitäten im unmittelbaren Umfeld von politischen Parteien begleitet ist. Mitgliedschaft und Mitarbeit bei politischen Parteien und beruflichen Interessenorganisationen sind eng mit der Kultur des Wählens verbunden. Allerdings trifft auch zu, dass der konstatierte Rückgang der Wahlbeteiligung mit einem geminderten Engagement in politiknahen Feldern korrespondiert.

Für die USA, wo die politischen Parteien zu keiner Zeit eine ähnlich große Bedeutung im politischen und gesellschaftlichen Leben wie in einigen europäischen Staaten entwickelten, sind weitere politische Aktivitäten ebenfalls im Umfeld von Wahlen zu verorten. Menschen engagieren sich für KandidatInnen, sie sind in Wahlkämpfen aktiv, machen Hausbesuche, spenden Geld oder organisieren Veranstaltungen, bei denen Geld gesammelt wird, initiieren und besuchen Stadtteiltreffen, beteiligen sich an Vorwahlen etc. Auch wenn der Rückgang der Mitgliedschaften in Vereinen und Organisationen als Rückgang sozialen Kapitals kritisiert wird, ist doch ein breites Engagement von Menschen bei nationalen und lokalen Wahlen an der Tagesordnung (Skocpol 2004).

Diese Hinweise auf wahl- und parteipolitische Partizipationsformen schwächen den Einwand etwas ab, wonach die Partizipation in der liberalen Demokratie auf das Wählen beschränkt sei.

Legitimität, Akzeptanz und Stabilität

Die Legitimationskomponente von Wahlen kann von mehreren Seiten aus betrachtet werden. Grundsätzlich gilt, dass in der liberalen Demokratie sich politische Institutionen und AkteurInnen auf keine andere Legitimationsquelle als auf die Volkssouveränität – auf die Bevölkerung – berufen können. Vor diesem Hintergrund sind Wahlen eine Art Verfahrenstechnik zur Befriedigung des Legitimationsbedürfnisses von kollektiven Entscheidungen (Martinsen 2006: 78). Wahlen, Wahlsysteme und Wahlergebnisse besitzen per se hohe soziale Akzeptanz, und zwar sowohl bei der Bevölkerung als auch bei den wahlwerbenden Gruppen, unabhängig davon, ob das Ergebnis mit ihren Interessen übereinstimmt oder nicht. Als Indikator für die hohe Akzeptanz des Wahlprozesses kann angeführt werden, dass selbst bei harten Auseinandersetzungen und knappen Ergebnissen die jeweiligen WahlverliererInnen das Wahlresultat anerkennen. Ein Beispiel dafür ist die Tradition der *Concession Speech* in den USA, wie sie in exemplarischer Form im Jahr 2000 der Präsidentschaftskandidat Al Gore hielt, als wenige hundert Stimmen über Sieg oder Niederlage entschieden und er die Niederlage wenige Stunden nach Bekanntgabe des Ergebnisses öffentlich bekundete.

Die Anerkennung von Wahlresultaten scheint ein Gradmesser der Qualität bzw. Stabilität von Demokratien zu sein. Es mehren sich die Beispiele der Nichtakzeptanz des Wahlergebnisses insbesondere bei stark polarisierten Gesellschaften mit autoritären Strukturen. Mit Hinweisen auf Verfehlungen im Wahlverfahren weigern sich WahlverliererInnnen – in der Regel KandidatInnen und Parteien der Opposition –, das Wahlergebnis anzuerkennen (z. B. Mexiko im Jahre 2006).

Zur grundsätzlich hohen Legitimität und Akzeptanz des Ergebnisses bei GewinnerInnen wie VerliererInnen trägt bei, dass die Durchführung und der Ablauf von Wahlen institutionalisiert, standardisiert und nachvollziehbar, transparent und rechtlich geregelt sind. Der politisch-rechtliche Status ist gegenüber anderen, insbesondere deliberativen Formen, eindeutig geklärt. Aus der Standardisierung, der Überprüfungsmöglichkeit und Kontrolle (Wahlaufsicht) resultiert schließlich eine relativ hohe Verbindlichkeit der Ergebnisse.

Die breite Akzeptanz der Spielregeln und der Ergebnisse von Wahlen ist auf der individuellen Ebene von einem Vertrauensverlust in Politik und parlamentarische Institutionen begleitet. Rezente Zustandsdiagnosen über liberale Demokratien sprechen von einem Rückgang der Zufriedenheit mit den demokratisch gewählten Einrichtungen und AkteurInnen. Die sinkende Wahlbeteiligung (steigende Wahlabstinenz) wird in diesem Kontext diskutiert, von Demokratie- und Politikmüdigkeit ist die Rede. Wobei zu unterscheiden ist zwischen der Akzeptanz der Verfahrensweise einerseits und der Einschätzung der Einflussnahme durch die Stimmabgabe andererseits. Kurzum: Welches Gewicht hat eine Stimme im politischen Prozess?

Eine weitere Funktion von Wahlen wird in der Herstellung von gesellschaftlicher Stabilität und Konfliktkanalisierung gesehen. Die legitimierende Wirkung von Wahlen würde ein politisches System stabilisieren. Allerdings dürften Akzeptanz und Stabilität der politischen Institutionen auch wesentlich mit sozial ausgleichenden Wirkungen von sozialstaatlichen Einrichtungen zusammenhängen. Wahlen alleine machen eine Gesellschaft nicht stabil, wie Erfahrungen in einigen jungen Demokratien zeigen. Gesellschaftliche Stabilität hängt mit dem breiten Zugang zum Wahlrecht und den damit verbundenen politischen Ausrichtungen hinsichtlich sozialer und materieller Bedürfnissen breiter Bevölkerungsschichten zusammen.

Mit der Einführung des allgemeinen Wahlrechts in Europa insbesondere nach dem Ersten Weltkrieg ging der Auf- und Ausbau des Wohlfahrtsstaates einher. Politischen Rechten folgten soziale Rechte. Ein Mehr an demokratischer Gleichheit war tendenziell von einem Mehr an materieller Gleichheit begleitet (Grugel 2002). Nach Colin Crouch (2004: 17) wurden im Zuge der Betonung der gleichen politischen Fähigkeiten auch Maßnahmen gesetzt, Ungleichheiten abzubauen und ein Mehr an gleichen Möglichkeiten und Ressourcen zu garantieren.

In diese Richtung gehen auch Aussagen, die einen Zusammenhang zwischen Wahldemokratien, Masseneinkommen und wirtschaftlichem Wachstum vermuten. Der Demokratietheoretiker Robert A. Dahl (2000: 58) vertritt die These, dass Länder mit demokratischer Regierung, intakten Wahlprozessen und politischen Institutionen wirtschaftlich stärker prosperieren würden und gesellschaftlich reicher seien als Systeme mit nichtdemokratischen Regierungen.

Nach der Transformation der realsozialistischen Staaten Ost- und Südosteuropas in Wahldemokratien und Marktökonomien (nach 1989) sind periodische Wahlen mit der Perspektive der Abwahl der Eilten Teil der politischen Normalität geworden. Die Etablierung der Massendemokratie führte aber nicht zu Massenwohlstand und ausgebauten wohlfahrtsstaatlichen Sicherungssystemen. Die dadurch entstehenden sozialen und materiellen Lücken öffnen Fenster für rechten wie linken Populismus und eventuell auch für instabile politische Verhältnisse.

Autoritäre Wahlmanipulation

Eingangs wurden Wahldemokratien als Erfolgsgeschichte präsentiert. Auf dem zweiten Blick sind Wahldemokratien eine Erfolgsgeschichte mit Schattenseiten, die den Optimismus deutlich trüben. Parallel zur quantitativen Zunahme der Wahldemokratien werden nämlich massive Verletzungen von demokratischen Standards und Prinzipien gemeldet. Eingeschränkte und manipulierte Wahlen dienen als Maske autoritärer Systeme. Über Stimmenkauf (z. B. in Thailand) und Verfolgung der Opposition und von unabhängigen Medien wird ebenso berichtet wie über die Manipulation bei der Stimmenzählung, und es kommt auch vor, dass Einparteienparlamente als politisches Ergebnis aus manipulierten Wahlen hervorgehen (z. B. in Kirgisistan nach der umstrittenen Parlamentswahl 2007). Autoritäre Regierungen praktizieren und ändern Wahlrechte, -systeme und -bezirke, um die eigene Macht zu festigen bzw. auszubauen und um die Opposition zu schwächen. Andreas Schedler (2002) kritisiert Formen „autoritärer Manipulation" bei der Durchführung von Wahlen und spricht damit das Phänomen an, dass Wahlen unter Kontrolle, Drohung und Zwang von autoritären MachthaberInnen stattfinden. Um die Problematik auf den Punkt zu bringen: In liberalen Demokratien verlieren politische Parteien die Wahlen, in autoritären Systemen verliert die Opposition.

Aktuell besonders interessant sind Untersuchungen zum Demokratiegrad von Ländern mit Wahlen, die gleichzeitig eine Reihe von Merkmalen von autoritär/totalitär regierten Systemen aufweisen. Der Historiker William Dalrymple (2005) problematisiert Wahlen und Wahlkämpfe in Ländern, die wiederholt von Dynastien regiert werden, und charakterisiert diese als „elective feudalism". Dalrymple zeigt am Beispiel von Pakistan, dass trotz Wahlen Korruption, Hinrichtungen und Folter existieren und die im politischen Westen hofierten politischen Familien an diesen Missständen nicht gänzlich unbeteiligt sind.

Demokratische Apathie oder Postdemokratie?

Neben krassen Verletzungen von Bürgerrechten, Rechtsstaatlichkeit und Prinzipien demokratischer Wahlprozesse in autoritären und totalitären Staaten wollen wir abschließend noch Schattenseiten von liberalen Demokratien benennen. Es handelt sich hierbei weniger um Verfehlungen im Wahlprozess als um gesellschaftliche und politische Entwicklungen, die in indirekter Weise den Stellenwert von Demokratie und Wahlen schmälern.

Die liberalen Demokratien des 21. Jahrhunderts sind von einer Entwicklung des wachsenden Bedeutungsverlusts von Wahlen in Gesellschaft und Staat begleitet. Wahlen verlieren an Bedeutung, weil Politik und Staat an Signifikanz für das individuelle Leben, Arbeiten und Wirtschaften verlieren. Die Entwicklung von Gesellschaften als Marktgesellschaften und die Annäherung von politischen Institutionen und Akteuren an Marktprinzipien und -ideologien schwächen die Bedeutung von Wahlen für die Gestaltung von Lebensbedingungen (Powell 2000). Kennzeichen einer Marktgesellschaft ist die höhere Bewertung der individuellen Nutzenmaximierung im Vergleich zu öffentlichen Gütern und kollektiver Solidarität. Die Empathie eines überzeugten Handelns für andere leidet. Wie wir oben gesehen haben, ist Wählen eine kollektive Entscheidung, und individueller Nutzen ist aus dem Wahlresultat nicht immer zu lukrieren. Wenn Wählen aber als individualistische, nutzenorientierte, der Konsumlogik angelehnte Aktivität wahrgenommen wird, dann mag sich diese Aktivität immer weniger lohnen. Abstinenz und Rückzug aus dem Politischen deuten sich an. Colin Crouch (2004) skizziert eine Krise des Politischen und Demokratischen und spricht im Zusammenhang mit ökonomistischen Veränderungen der politischen Parteien und der parlamentarischen Strukturen zugespitzt von Postdemokratie. Zunehmend würden öffentliche politische Einrichtungen wie privatwirtschaftliche Unternehmungen geführt, wodurch kollektive und öffentliche Interessen leiden. Der demokratische Staat verliere an Bedeutung gegenüber anderen, insbesondere ökonomischen Institutionen.

Schließlich stehen etablierte, relativ stabile Wahldemokratien vor weiteren, ebenfalls mit gesellschaftlichen Entwicklungen zusammenhängenden Herausforderungen. Eine der zentralsten Herausforderungen sind Antworten auf die Frage, wer im Zuge der globalen Migration mit der Berechtigung zu wählen ausgestattet ist. Wer unter abermals geänderten Bedingungen Teil des Volkes, sprich des Wahlvolkes ist? Dies ist u. a. Thema des nächsten Kapitels.

Literatur

Barber, Benjam (1994): Starke Demokratie. Hamburg: Rotbuch Verlag.
Crouch, Colin (2004). Post-Democracy. Cambridge (UK): Polity Press.
Dahl, Robert A. (2000): On Democracy. New Haven and London: Yale University Press.
Dalrymple, William (2005): Where Liberals Love a Dictator. The Guardian, May 17.
Daniel, John, Sothall, Roger & and Szeftel, Morris (1999): Voting for Democracy. Watershed Elections in Contemporary Anglophone Africa. Ashgate: Aldershot.
Evans, Jocelyn A. (2004): Voters and Voting. An Introduction. London, Thousand Oaks, New Delhi: Sage.
Grugel, Jean (2002): Democratization. A Critical Introduction. Houndmills: Palgrave Macmillan.
Huntington, Samuel P. (1991): The Third Wave. Democratization in the Late Twentieth Century. Norman and London: University of Oklahoma Press.
Inglehart, Ronald (1997): Modernization and Postmodernization. Cultural, Economic, and Political Change in 43 Societies. Princeton, New Jersey: Princeton University Press.
Jowell, R. and the Central Co-ordinating Team. European Social Survey 2006/2007: Technical Report. London: Centre for Comparative Social Surveys, City University (2007).
Katz, Richard S. (1997): Democracy and Elections. New York, Oxford: Oxford University Press.
Lijphart, Arend (1997): Democracy's Unresolved Dilemma. American Political Science Review, Vol. 91, No. 1, 1–14.
Mansbridge, Jane (2005): „The Fallacy of Tightenting the Reins". Österreichische Zeitschrift für Politikwissenschaft, 34. Jg., 233–248.
Martinsen, Renate (2006): Demokratie und Diskurs. Organisierte Kommunikationsprozesse in der Wissensgesellschaft. Baden-Baden: Nomos.
Nohlen, Dieter (2007): Wahlrecht und Parteiensystem. 5. Auflage. Opladen & Farmington Hills: Verlag Barbara Budrich.
Pitkin, Hanna F. (1967): The Concept of Representation. Berkely.
Pollak, Johannes (2005): Repräsentation als Herrschaftsorganisation: ideengeschichtliche Anmerkungen. Österreichische Zeitschrift für Politikwissenschaft, Heft 3, 217–232.
Powell, G. Bingham (2000): Elections as Instruments of Democracy. Majoritarian and Proportional Visions. New Haven / London: Yale University Press.

Saage, Richard (2005): Demokratietheorien. Historischer Prozess – Theoretische Entwicklung – Soziotechnische Bedingungen. Eine Einführung. Verlag für Sozialwissenschaften: Wiesbaden.

Sartori, Giovanni (1997): Demokratietheorie. Darmstadt: Wissenschaftliche Buchgesellschaft

Schedler, Andreas (2002): Elections without Democracy. The Menu of Manipulation. Journal of Democracy, Vol. 13, Number 2, 36–50.

Schmidt, Manfred G. (2000): Demokratietheorien. 3. Aufl., Opladen: Leske + Budrich.

Schmitt, Annette (2005): Die Rolle von Wahlen in der Demokratie. In: Jürgen W. Falter & Harald Schoen (Hg.): Handbuch Wahlforschung. Wiesbaden: Verlag für Sozialwissenschaften, 3–26.

Schumpeter, Joseph (1950): Kapitalismus, Sozialismus und Demokratie. 2. erw. Aufl., Bern: Francke.

Skocpol, Theda (2004): Diminished Democracy: From Membership to Management in American Life. Oklahoma: Oklahoma University Press.

Stoker, Gery (2006): Why Politics Matters: Making Democracy Work. Houndmills: Palgrave Macmillan.

Internetadressen

Freedom House: http://www.freedomhouse.org/template.cfm

European Social Survey: http://www.europeansocialsurvey.org

2

Wahlrechte

Über Wahlen nehmen BürgerInnen indirekt an Entscheidungsprozessen teil, und zwar indem sie die repräsentativen Organe (Parlamente, Regierungen) direkt wählen, legitimieren und kontrollieren. Die theoretische wie politische Streitfrage ist: Wer ist berechtigt, teilzunehmen, d. h., Personen und Parteien aus- und abzuwählen, die Spielregeln mitzubestimmen? Wer ist „Volk", somit Souverän?
Das allgemeine Wahlrecht machte aus Untertanen, aus Leibeigenen, Sklaven und Ehefrauen, „mündige" Bürger und Bürgerinnen. Erst die Expansion der Wahlberechtigung schuf rechtlich gleiche Bürger und Bürgerinnen; im Zuge der erweiterten, gleichen und freien Wahlrechte wurde die absolute Herrschaft der landbesitzenden Aristokratie und des Klerus gebrochen und die politische Macht mit dem aufstrebenden Bürgertum und der organisierten ArbeiterInnenschaft geteilt. Das Wahlrecht ist eine Geschichte des Kampfes, der sozialen und materiellen Konflikte, aber auch der Gleichheit, der Emanzipation und der Hoffnung auf eine andere Zukunft und gerechtere Welt. Die sozialen Bewegungen und politischen Parteien, die engagierten Frauen und Männer verbanden mit dem Wahlrecht das Streben nach mehr Gerechtigkeit, z. B. Geschlechtergerechtigkeit, die Berücksichtigung materieller Interessen und den Aufbau einer Sozialgesetzgebung. Die Entwicklung einer inklusiven Staatsbürgerschaft durch das Wahlrecht ist heute in Einwanderungsgesellschaften aber erstmals wieder gestoppt. Das auf der Staatszugehörigkeit basierende Wahlrecht wirkt wieder ausschließend, es formalisiert neuerlich Ungleichheit.
Soziale und politische Machtverhältnisse spiegeln sich in den Konditionen der Wahlrechte wider, diese sind Ausdruck unterschiedlicher Interessen im Hinblick auf Klasse/Schicht, Geschlecht, Hautfarbe und Ethnizität. Welche Bedingungen und Qualifikationen wurden historisch bzw. werden aktuell formuliert, um Menschen von politischen Rechten auszuschließen bzw. sie teilhaben zu lassen? Was macht eine demokratische Wahl aus? Soll Wählen technisch gesehen bequemer gemacht werden, damit es wieder attraktiver wird?

Allgemein, gleich, direkt, frei, geheim und persönlich

Allein begrifflich betrachtet, werden mit dem Wahlrecht sowohl die gesetzlichen Bestimmungen zur Wahlberechtigung – wer ist das Subjekt mit Stimme – als auch die technisch-prozeduralen Regelungen zur Durchführung erfasst. Zu diesen Regelungen zählen rechtliche wie technische Aspekte wie Wahlfristen, Nominierung von Parteien und KandidatInnen, Unterstützungserklärungen, Wahlkampfbestimmungen und Zugangshürden, Registrierung von WählerInnen, Wahlkreisbestimmungen und Auszählverfahren. Das Wahlrecht enthält also eine Wer- und eine Wie-Dimension.

Die Wer-Dimension des Wahlrechts enthält Entscheidungen darüber, welche Personengruppen das aktive und passive Wahlrecht besitzen, wer bzw. welche Gruppen Träger der Repräsentation des „Volkes" sind (Farrel 2001). Die Wie-Dimension beschäftigt sich mit der standardisierten, rechtlich verankerten Durchführung von Wahlen. Allein demokratiepolitisch gedacht, haben Wahlen als Werkzeuge der Demokratie einigen formalen Mindestvoraussetzungen, sogenannten Wahlprinzipien, zu genügen (Nohlen 2007). Eine demokratische Wahl muss folgende Kriterien erfüllen: Sie muss allgemein, gleich, direkt, frei, geheim und persönlich sein.

- „Allgemein" bezieht sich auf die Wahlberechtigung. Allgemeines Wahlrecht bedeutet, dass grundsätzlich alle BürgerInnen (faktisch jedoch StaatsbürgerInnen) das Recht besitzen – ohne Einschränkung von Geschlecht, Herkunft, Ethnizität, Religion etc. –, an Wahlen aktiv (d.h. wählen zu können) und passiv (d.h. gewählt zu werden) teilzunehmen.
- „Gleich" bezieht sich darauf, dass jede/r WählerIn (nur) eine Stimme besitzt, dass also keine Stimmgewichtung (z.B. aufgrund von Vermögen oder Kinderzahl) angewandt wird.
- „Direkt" erfordert, dass das Stimmrecht direkt und nicht über „Wahlmänner" vermittelt ausgeübt wird.
- „Frei", „geheim" und „persönlich" betreffen die Rahmenbedingungen der Stimmabgabe. Diese hat ohne Druck zu erfolgen, deshalb gilt „geheim" als eine individuell nicht abzuwählende Schutzbestimmung. Dahinter stehen Erfahrungen wie die, dass etwa in der Habsburgermonarchie Mitglieder der vierten Kurie ihre Stimme öffentlich abgeben mussten oder in der DDR nahezu 95 Prozent der WählerInnen entschieden, nicht geheim abzustimmen.

Neben der Erfüllung dieser Kriterien hat auch die Feststellung des Wahlergebnisses einigen prozeduralen Kriterien zu genügen: So muss die Möglichkeit der Nachzählung von Stimmen, die Regelung von Wahlanfechtungsmöglichkeiten als Standard zur Durchführung von Wahlen sowie die Akzeptanz einer internationalen Wahlbeobachtung vorliegen.

Distinktion und Gleichheit

Eine begründete Behauptung, die im ersten Kapitel getroffen wurde, war die, dass faire Wahlen den entscheidenden Unterschied zwischen Demokratien und Diktaturen (bzw. autoritären und totalitären Systemen) begründen würden.

Bei der Diskussion der Wahlrechte stehen wir vor dem Phänomen, dass innerhalb von Wahldemokratien die Wahlrechte es sind, die Unterschiede herstellen und Ungleichheit formalisieren. Die jeweiligen Wahlrechte zeigen politisch wie gesellschaftlich inkludierende oder exkludierende Wirkungen. Wahlrechte konstruieren soziale Gruppen – z. B. Frauen, Vermögenslose – und schaffen folglich den substantiellen Unterschied zwischen „Volk“ und „Wahlvolk“. In ethnisch-pluralistischen Einwanderungsgesellschaften wird über das Wahlrecht der folgenschwere Unterschied zwischen StaatsbürgerInnen und Fremden hergestellt.

Trotz dieser gravierenden Einschränkungen basiert das allgemeine, gleiche Wahlrecht auf der Annahme der Inklusion und der Egalität bzw. realisiert diese. Die Forderungen nach dem allgemeinen und gleichen Wahlrecht sind von der prinzipiellen Gleichheit der Menschen, d. h. der Gleichheit der Wählenden, getragen. Gleiche Regeln, gleiche Stimmenzählung, aber auch die Chancengleichheit der Wahlwerbenden bringen eine Reihe von Aspekten von Gleichheit zum Ausdruck (Dahl 2000: 37).

Jocelyn Evans (2004) sieht in der Annahme der politischen Gleichheit der Menschen und in der Annahme, dass diese Menschen – WählerInnen – bürgerliche (individuelle) Rechte besitzen, die zentralen Prinzipien der Wahldemokratien. Die Gleichheit der Menschen erfasst faktisch aber (nur) die Gleichheit der WählerInnen. Demokratieprobleme entstehen folglich dann, wenn die Gleichheit nicht alle Menschen erfasst, sondern wenn aufgrund der Interessenlage Kriterien zur Inklusion bzw. Exklusion entwickelt werden. Die Frage ist daher, unter welchen Bedingungen Menschen auch WählerInnen sind?

Wer darf warum (nicht)?

In der realen Entwicklung des allgemeinen Wahlrechts finden sich Antworten auf die in Demokratietheorien formulierte Metafrage: Wer bildet den Staat, wer gehört zum Demos (Vollbürger), zur Gruppe der mit politischen Rechten ausgestatteten Bürger und Bürgerinnen? Wer ist politisches Subjekt, das rechtlich befähigt ist, in der repräsentativen Demokratie jene zu legitimieren, die für eine definierte Zeit stellvertretend entscheiden? Es finden sich aber auch (interessengebundene) Argumente und Begründungen, weshalb bestimmte Gruppen von Menschen nicht wahlberechtigt sind. Das Wahlrecht ist konditional gestaltet, und die Konditionen formulieren stets jene, die bereits im Besitze des Wahlrechts sind.

Historisch gesehen waren Muße, intellektuelle Kapazität, männliches Geschlecht und Vermögen wesentliche Bedingungen für den Zugang zum Wahlrecht. Bei Aristoteles, dem Denker der antiken Gemeinschaftsform im vierten Jahrhundert vor Christi, ist zu lesen, dass bestimmte Stände und Berufe für politische Tätigkeiten ob ihres niedrigen Status nicht geeignet seien. Muße galt als Voraussetzung zur Ausübung der Staatsgeschäfte. Zeitlich später wurden in ideengeschichtlichen Zugängen die Ablehnung und das Misstrauen der jeweiligen Eliten gegenüber der breiten Bevölkerung geäußert (Martinsen 2007: 58). In der Neuzeit gab es massive Einwände gegen die „Herrschaft des Pöbels". Vorbehalte gegen das allgemeine Wahlrecht von Frauen und Männern wurden mit der Unfähigkeit und der fehlenden Kompetenz der einfachen Menschen zur politischen Mitbestimmung und Mitentscheidung im Gemeinwesen begründet. So wurde in England der Forderung nach Ausweitung des Wahlrechts auf jene Frauen, die die gleichen ökonomischen Bedingungen wie Männer erfüllten, mit dem Argument begegnet, dass dadurch „das Land den Frauen und dem Ruin ausgeliefert" werde. Zur Erläuterung: Bei der Ausweitung hätte es sich um 1,25 Mill. Frauen im Vergleich zu 7,5 Mill. Männern gehandelt (Schirmacher 1976: 13).

Vor diesem Hintergrund wird deutlich, dass das allgemeine Wahlrecht ein recht junges Recht ist – weitaus jünger als der Parlamentarismus. In England/Großbritannien wurde bereits früh ein parlamentarisch ausgerichtetes System etabliert, allerdings ohne „*universal suffrage*". Reichtum und die Höhe der Steuerleistung waren ausschlaggebend, gekaufte Sitze an der politischen Tagesordnung. Erst nach dem Ersten Weltkrieg wurde in England und in einer Reihe anderer Staaten dieses Recht für alle StaatsbürgerInnen, für Männer wie für Frauen, kodifiziert. In vielen Ländern erhielten Männer das allgemeine Wahlrecht deutlich früher als Frauen (z. B. wurde in Frankreich für Frauen das Wahlrecht 1944 eingeführt, für Männer bereits während der Französischen Revolution).

In der Schweiz bzw. in einigen Kantonen der Schweiz und in Liechtenstein war bis vor wenigen Jahrzehnten der weiblichen Bevölkerung das Wahlrecht versagt. In den USA wurde erst durch den *Voters Rights Act* im Jahre 1964 das Wahlrecht für Afroamerikaner (obwohl bereits 1865 verabschiedet) tatsächlich auch in den südlichen Bundesstaaten umgesetzt. Die Wahlrechtspraxis wich also stark vom formalen Wahlrecht ab. Das in Südafrika etablierte Apartheid-Regime der strikten Trennung der schwarzen Bevölkerung von der (zugewanderten) weißen verweigerte der schwarzen Bevölkerung (70 Prozent) neben sozialen und wirtschaftlichen Möglichkeiten und Rechten auch das Wahlrecht (bis 1989).

Allein diese wenigen, wenn auch krassen Beispiele spiegeln Interessen und Machtverhältnisse in Wahlrechten wider.

Vom Untertanen zur Bürgerin: Wahlrechtsentwicklungen

Richard Saage (2005) betrachtet die Ausweitung der politischen Teilhabe aus der Perspektive sozialer Kämpfe und der Bildung von Bewegungen und Parteien. Das Wahlrecht ist als Konflikt darüber zu lesen, wer am Staat beteiligt ist, welche Interessen Eingang finden und berücksichtigt werden. Soziale Gruppen und Bewegungen engagierten sich für Emanzipation und Modernisierung. Menschen gingen für das Wahlrecht nicht nur auf die Straße, sondern kamen dafür auch ins Gefängnis und wurden hingerichtet (z. B. Olympe de Gouge, 1793, die für das Frauenwahlrecht in Frankreich kämpfte). Chronologisch gesehen kämpften in Europa zuerst das Besitzbürgertum und die Zünfte gegen die absolute Herrschaft von Adel und Klerus; dann die Arbeiter gegen die bürgerlichen Kräfte, parallel dazu die bürgerlichen und proletarischen Frauenbewegungen.

Die Wahlrechtsentwicklung ist ein wiederholt gebrochener Prozess. Es sind keine einheitlichen, keine linearen Entwicklungen zu beobachten, sondern die Ausweitung des allgemeinen Wahlrechts war abhängig von Bedingungen, und diese Bedingungen konnten sich im Zeitverlauf ändern.

Der Kampf um politische Partizipation ist ein Kampf um politische Rechte und Mitbestimmung und um Einflussnahme auf politische Programme und Ausrichtungen, auf politische Entscheidungen und Ergebnisse. Mit dem Wahlrecht wurden Demokratisierungs- und Modernisierungspotentiale, die Umverteilung von Macht und Reichtum angestrebt und sozialrevolutionäre Hoffnungen verknüpft: Wenn Arbeiter wählen dürften, dann würden auch ihre materiellen Interessen und Ideologien vertreten und durchgesetzt; wenn Frauen wählen dürften, dann würden geschlechtergerechtere Ehe- und Familiengesetze formuliert, der Zugang zu Bildung, Arbeit und Ressourcen nicht verweigert (Saage 2005: 73).

Rückblickend betrachtet sind nicht alle emanzipatorischen Vorstellungen erfüllt. Frauen in Europa haben zwar gleiche politische Rechte wie Männer, ihre materielle Situation ist aber den Männern nach wie vor nicht angeglichen (Einkommens- und Karriereunterschiede). Das allgemeine Wahlrecht hat die politischen und sozialen Ordnungen aber verändert, es hat sie egalisiert. Das parlamentarische System, basierend auf Repräsentation und elektoraler Bindung der Gewählten an die WählerInnen, forcierte Sozialreformen. Aus ehemaligen Honoratiorenparteien, die die Interessen von wenigen Statusstarken vertraten, entstanden Massenparteien mit dem Interesse, sich an der politischen Mitte zu orientieren, um möglichst viele Stimmen auf sich zu vereinigen. In den westeuropäischen Staaten ist folglich mit der Entwicklung der Wahldemokratie auch die Entwicklung der Wohlfahrtsstaaten – sozialstaatliche Institutionen und soziale Rechte, sozialer Ausgleich, Zugang zu Bildung und soziale Sicherheit – zu sehen.

Steuerleistung, Besitz und Vermögen

Das Wahlrecht ist eine Geschichte der Mechanismen der sozialen Ausgrenzung ebenso wie der Strategien und Mobilisierung für Zugang. Die jeweils vermögenderen Gruppen und Stände versuchten, die jeweils weniger vermögenden vom Wahlrecht auszuschließen (Grugel 2002). Die Warnungen vor der „Proletarisierung des Wahlrechts" sind als Ausdruck ökonomischer und politischer Interessen, die sich durch den Zugang der ArbeiterInnen in die Parlamente und Regierungen bedroht fühlten, zu interpretieren.

In England gab der *Reform Act* des Jahres 1832 das politische Recht „Männern mit Eigentum und Intelligenz". Zugang zum und Gewicht des Wahlrechts waren von der ökonomischen Stärke und dem Geschlecht der Wählenden bestimmt. Das Wahlgesetz von 1869 unterschied vier Kategorien von Männern: a) Mieter, die einen Mindestbetrag an Mietzins für ihre Wohnung bezahlten; b) Mieter, die eine Pachtung besaßen (Land, Haus, Laden, Büro etc.), c) Eigentümer und d) männliche Träger akademischer Titel der acht Universitäten (zitiert nach Schirmacher 1976: 13). England als Beispiel ist deshalb interessant, weil es die Einschränkungen des Wahlrechts aufgrund von drei Faktoren – Wirtschaftsmacht, Geschlecht und Intelligenz – enthält. Das allgemeine Wahlrecht des Jahres 1928 hielt folglich auch fest, dass allen Erwachsenen gleichen Alters unabhängig von Vermögen, Intelligenz und Geschlechtszugehörigkeit die Wahlberechtigung zukommt.

In den USA verlief im Vorfeld der Unabhängigkeitserklärung (1776) die Auseinandersetzung um Repräsentation unter gegenteiligen Vorzeichen. Vor dem Hintergrund der Einführung neuer Steuern (*Stamp Act*) und von Steuererhöhungen nutzte die Unabhängigkeitsbewegung den Slogan *No taxation without representation*. Die Bürger in den Kolonien argumentierten für Vertretungsrechte mit ihren Steuerleistungen ans Mutterland England.

In Österreich ist die Wahlrechtsbewegung ebenfalls von ökonomischen Interessen gezeichnet. Die Wahlrechtskämpfe gingen Hand in Hand mit der Abschaffung der Leibeigenschaft und somit mit dem Verfall der Feudalordnung. Zu Beginn stand der Wahlzensus – das Stimmrecht war von der Steuerleistung abhängig und die Abgeordneten in vier Kurien mit unterschiedlichen Stimmgewichten eingeteilt. Bei lokalen und regionalen Wahlen kamen unterschiedliche Kriterien zur Anwendung und waren somit unterschiedliche Kreise wahlberechtigt, z. B. hatten vermögende Frauen in einigen Ländern ein Wahlrecht (zur Wahlrechtsentwicklung in Österreich siehe Ucakar 1985). Auch ist in einigen Phasen eine ethnische Komponente in das Wahlrecht bzw. ins Wahlsystem eingebaut: Die Abgeordneten der deutschsprachigen Gebiete brauchten deutlich weniger Stimmen für ein Mandat als die Abgeordneten mehrheitlich nicht deutschsprachiger Gebiete. Allein in polnischen Wahlkreisen, in denen die ruthenische Bevölkerung lebte, musste die doppelte Anzahl von Stimmen aufgebracht werden als in Österreich.

Geschlecht

Der Vergleich der Demokratisierung des Wahlrechts in Bezug auf das allgemeine Männer- und Frauenwahlrecht liefert für den politischen Westen (Europa, Nordamerika, Australien) einen klaren Befund: Das Frauenwahlrecht wurde mit einigen Ausnahmen deutlich später als das allgemeine Männerwahlrecht verabschiedet. Die wenigen Ausnahmen von diesem Muster sind: Finnland (1906), Irland (1918/22), Island (1915),

Kanada (1920), Schweden (1921). Die Zeitspanne zwischen Einführung des allgemeinen Männerwahlrechts und des allgemeinen Frauenwahlrechts erstreckt sich in manchen Ländern auf nahezu ein Jahrhundert: Schweiz (1848 bzw. 1971); Frankreich (1848 bzw. 1946). Schweiz (1971) und Liechtenstein (1991) sind die Nachzügler des Frauenwahlrechts in Europa. Gegenwärtig wird in all jenen Staaten, die überhaupt Wahlen durchführen, auch ein Frauenwahlrecht angewandt (Kuweit praktizierte dieses erstmals 2007).

Zwischen nationaler und lokaler Politikebene sind unterschiedliche Geschwindigkeiten der Einführung zu beobachten. Tendenziell gilt, dass auf der lokalen Ebene früher als auf der nationalen Ebene gewählt werden durfte. Es gibt aber auch Gegenbeispiele. In einigen Kantonen der Schweiz wurde das Frauenwahlrecht deutlich später als im Bund angewandt. Hier erwies sich das direktdemokratische Instrument des Referendums als bremsend. Erst mittels Bundesgerichtsbeschlusses konnte im Jahre 1990 der letzte Kanton, Appenzell, zum Wahlrecht für Frauen verpflichtet werden (bei Nationalratswahlen waren Frauen stimmberechtigt, nicht jedoch nach kantonalem Recht bei Ständeratswahlen).

Diese Stationen demonstrieren, dass das Wahlrecht keiner linearen Entwicklung folgt und dass die Ausprägungen zwischen den einzelnen Ebenen stark variieren.

Hinter der Verabschiedung des gleichen und allgemeinen Frauenwahlrechts steht die Bildung von Frauengruppen und Frauenbewegungen. Eine der bekanntesten Bewegungen ist jene der Suffragetten in England im 19. Jahrhundert. Diese nach vielen Rückschlägen durch die konservativen Kräfte (siehe oben) schließlich radikalisierte Stimmrechtsbewegung von bürgerlichen Frauen forderte ein Wahlrecht mit für Frauen und Männer gleichen Bedingungen und „Qualifikationen“. Zur Erinnerung: Die Frauen besaßen nach der Wahlrechtsreform des Jahres 1869 auf der lokalen Ebene das aktive und passive Wahlrecht, wenn sie Steuerzahlerinnen waren. Sie hatten kein Wahlrecht, wenn sie ohne Vermögen waren, und sie hatten vor allem kein nationales Wahlrecht (die Wahlberechtigtenquote lag zwischen vier und sechs Prozent). Von den Suffragetten wurde das Wahlrecht als wichtiges Instrument gesehen, Politik und Gesetze zu beeinflussen. Emanzipation und mehr Gerechtigkeit waren die Ziele. Dazu ein Zitat von einer der Protagonistinnen: „Der weibliche Wähler allein kann den Fraueninteressen den nötigen Nachdruck verleihen … Ohne Wahlrecht sind alle Interessen heute wehrlos. Gebt den Frauen das Wahlrecht und sie erringen gerechte Ehegesetze, gerechte Berufsgesetze, gerechte Sozialgesetze. Der weibliche Wähler trocknet die Sümpfe der Gesellschaft aus.“ (zitiert nach: Kaethe Schirmacher 1976: 20)

In Österreich verlangte die proletarische Stimmrechtsbewegung das allgemeine Wahlrecht für Männer und für Frauen. Unterstützt, wenn auch in entscheidenden Momenten nur halbherzig, wurde die Frauenrechtsbewegung von Arbeiterbewegung und Sozialistischer Partei. Insgesamt lässt sich in Europa hinsichtlich der Positionierung politischer Parteien feststellen, dass es die sozialistischen bzw. sozialdemokratischen Parteien waren, die sich für das allgemeine Wahlrecht, zuerst für Männer und dann für Frauen, engagierten. Anders präsentiert sich die Situation in Belgien, wo selbst die Sozialisten gegen das Frauenwahlrecht aufgrund der Befürchtung auftraten, dass Frauen konservativ wählen würden (Nohlen 2007). Hier liegt eine Ähnlichkeit mit der Interessenlage in Österreich vor, die jedoch zu unterschiedlichen Konsequenzen führte. In beiden Ländern wurde die Wahlpflicht verabschiedet. In Österreich bestanden im Zusammenhang mit der Einführung des Frauenwahlrechts die Konservativen auf der Wahlpflicht, weil diese befürchteten, dass die Sozialisten die Frauen eher an die Urne bringen würden als die familienorientierte Christlich-Soziale Partei.

Es waren nicht ausschließlich emanzipatorische Bewegungen, die für das Frauenwahlrecht kämpften, sondern es gab auch interessenpolitische Akteure, die der Frauenemanzipation konträre Ziele verfolgten. Werfen wir einen Blick auf den US-amerikanischen Bundesstaat Utah. Das erste Frauenwahlrecht in den USA, in Utah, hat eine ganz andere Geschichte. Nicht dank einer aktiven Suffragettenbewegung, sondern wegen einer religiösen Gruppe von Männern, die ein Interesse an einer möglichst großen Bevölkerungszahl zur Berechnung der Sitze im Repräsentantenhaus in Washington hatte, wurde bereits 1870 von der Legislative in Utah das Frauenwahlrecht im Bundesstaat verabschiedet.

Staatsbürgerschaft

Nehmen wir zur Illustration der aktuellen Problematik, die sich entlang der Staatsbürgerschaft auftut, Österreich: Seit dem 19. Jahrhundert wächst der Demos – d.h. die Gruppe, die im Besitz politischer Rechte ist. Das Wahlrecht wurde zum Inklusionsinstrument. Durch die Einführung des gleichen Wahlrechts (sukzessive Aufhebung des auf der Steuerleistung basierenden Kurienwahlrechts, 1911) und des allgemeinen Wahlrechts (Einführung des Wahlrechts für Frauen, 1918) sowie durch die mehrmalige Senkung des Wahlalters und die weitgehende Aufhebung von Wahlausschlussgründen können sich immer mehr Menschen, die innerhalb der nationalstaatlichen Grenzen leben, an der Zusammensetzung von Parlament und Regierung beteiligen. Gegenwärtig nimmt aber die Gruppe, die von Politik betroffen, aber nicht berechtigt ist zu legitimieren, wieder zu. Mehr als neun Prozent der Wohnbevölkerung sind nicht wahlberechtigt, und zwar aufgrund der fehlenden „richtigen" Staatsbürgerschaft.

In Einwanderungsgesellschaften ist also weniger die Geschlechtszugehörigkeit oder die Steuerleistung das Kriterium für Ein- bzw. Ausschluss, sondern die territorial bestimmte Staatsbürgerschaft. Denn in den zunehmend ethnisch-pluralistischen Gesellschaften bleibt (meist) weiterhin die nationale Staatsbürgerschaft die Voraussetzung für den Transfer politischer Rechte. Doch sind soziale Kriterien nicht gänzlich obsolet geworden, da sogenannte wirtschaftliche Schlüsselkräfte rascher die Staatsbürgerschaft verliehen bekommen als etwa „Gastarbeiter" oder Flüchtlinge.

In Zeiten globaler Migration, in Gesellschaften mit starker Zuwanderung und abstammungsbasierten, restriktiven Staatsbürgerschaftsmodellen, aber auch in einigen jungen Nationalstaaten mit ethnischen Minderheiten gewinnt die Diskussion um Demokratie und Inklusion mittels Wahlrecht wieder an Bedeutung. Mit wachsender Zuwanderung wächst die Zahl der Menschen, die von Wahl- und somit von Legitimationsvorgängen ausgeschlossen sind. Nach Beckman (2007) sind in Europa zehn Millionen WohnbürgerInnen und in den USA sogar 20 Millionen Menschen vom Wahlrecht ausgeschlossen. Diese Zahlen machen deutlich, dass das nationalstaatlich ausgerichtete Wahlrecht nicht gesellschaftlich integrierend, sondern marginalisierend und ausgrenzend wirkt. Folglich wird die Verweigerung des Wahlrechts für WohnbürgerInnen als Ausschluss von der Mitgliedschaft im Demos und als Defizit der liberalen Demokratie kritisiert (Valchars 2006).

Die Antwort, die die an Partizipation und Integration orientierte Migrationsforschung auf die Problematik der Ausgrenzung gibt, ist ein transnationales Wahlrecht auf der Grundlage der Betroffenheit (*all affected principle*). Beckman (2006) plädiert dafür, dass nicht die Mitgliedschaft in einem Nationalstaat das Kriterium für das Wahlrecht sein sollte, sondern der Wohnsitz und die Betroffenheit durch politische Maßnahmen, Akteure und Stimmungen. Die Rationalität hinter dieser Position ist, dass Menschen, die keine Mitsprache bei Wahlen haben, ihre Interessen nicht selbst zum Ausdruck bringen können, aber durchaus „Gegenstand" von wahlpolitischer Auseinandersetzung werden. Rainer Bauböck (1994) widmet sich transnationalen Staatsbürgerschaftsmodellen und schlägt eine formelle Wohnbürgerschaft, verbunden mit dem Recht auf die politische Mitgliedschaft in der Kommune, d. h. ein kommunales Wahlrecht, vor. Der Ansatz der WohnbürgerInnen impliziert wahlrechtlich eine rechtliche Gleichstellung von Aus- und InländerInnen.

Bisherige praktische Versuche, das lokale Wahlrecht auf WohnbürgerInnen auszuweiten, wie etwa in Hamburg, Schleswig-Holstein oder in Wien, haben Entscheidungen der Bundesgerichte bzw. der Obersten Gerichtshöfe nicht standgehalten. Die Verfassungen müssten diesbezüglich novelliert werden – wurden sie aber nicht. Ein weiteres Instrumentarium zur Überwindung des nationalstaatlich gebundenen Wahlrechts ist die Institution der Doppelstaatsbürgerschaft, die in Deutschland in der Zeit der rot-grünen Regierung als eine Integrationsmaßnahme von MigrantInnen diskutiert wurde und zu der Vorschläge erarbeitet wurden. Der Gesetzesentwurf scheiterte im Bundesrat an der Verweigerung der Zustimmung durch die CDU/CSU.

Der Nationalstaat verliert im Kontext von Globalisierung, Europäisierung und Migration an Souveränität und Gestaltungsmacht. Insbesondere das am Abstammungsprinzip ausgerichtete Wahlrecht in Deutschland, in Österreich und in der Schweiz konterkariert diese Entwicklung, es ist ein starker Indikator dafür, wie sehr Identitätspolitik im nationalstaatlichen Denken verhaftet ist bzw. wie sehr mit Wahlrechten nationale Identitätspolitik betrieben wird. Unterstrichen wird diese Interpretation durch die Gewährung von Wahlrechten für Menschen, die im Ausland leben – so hat etwa der österreichische Nationalrat in den 1990er Jahren die Ausweitung des Wahlrechts auf „Auslandsösterreicher" beschlossen.

Lokales Ausländerwahlrecht

Im EU-Europa wird die Entflechtung des Wahlrechts von der Bedingung der Staatszugehörigkeit durchaus praktiziert – allerdings allein auf der lokalen Ebene. Im Vertrag von Maastricht (beschlossen 1992) ist die Unionsbürgerschaft verankert. Bezüglich des Wahlrechts sieht der Vertrag vor, dass jede EU-Bürgerin / jeder EU-Bürger, die/der in einem Mitgliedsstaat lebt, aber nicht die Staatsbürgerschaft dieses Landes besitzt, das passive wie aktive Wahlrecht bei Kommunalwahlen bekommt. Dieses Recht steht der Person nach den gleichen Regeln wie den StaatsbürgerInnen zu. Die Bestimmung trifft auch für Wahlen zum Europäischen Parlament zu.

Ein Ergebnis dieser Bestimmung, die in den Mitgliedsstaaten mit unterschiedlich großer Verzögerung implementiert wurde, ist, dass dadurch zwei Gruppen von Nicht-StaatsbürgerInnen geschaffen wurden: EU-BürgerInnen mit kommunalem Wahlrecht und Drittstaatsangehörige ohne Wahlrecht.

In der EU der 27 werden im Umgang mit dem kommunalen Ausländerwahlrecht drei Typen von Ländern unterschieden (Bauer 2007).

a) Einige Vorreiter, die schon vor 1994 ein kommunales Ausländerwahlrecht anwandten: Dänemark, Schweden, Finnland, Irland und die Niederlande;
b) Pragmatiker wie Großbritannien, Spanien, Portugal, Belgien, Schweiz und Luxemburg, die das Wahlrecht z. B. auf der Grundlage der Gegenseitigkeit oder an bestimmte Gruppen verleihen;
c) Bremser wie Österreich, Deutschland, Frankreich, Italien, Griechenland, die zwar diskutieren, aber noch nicht beschlossen haben.

Ein lokales Wahlrecht für Menschen ohne jene Staatsbürgerschaft des Landes, in dem sie leben, besteht in Estland aufgrund einer bestimmten Konstellation, die auf die Nationalstaatsbildung nach 1989 zurückgeht. Estland ist der einzige der zwölf neuen EU-Mitgliedsstaaten, der allen AusländerInnen, die länger als fünf Jahre im Land leben, bei Kommunalwahlen das Wahlrecht gibt. Dieses Vorgehen hängt mit der russischen Minderheit in Estland zusammen. Knapp 26 Prozent der estnischen Bevölkerung gelten als ethnisch russisch. Diese russische Minderheit, die nicht die estnische Staatsbürgerschaft beantragte bzw. den Einbürgerungstest nicht bestand, besitzt bei lokalen Wahlen ein Wahlrecht, nicht aber bei nationalen.

Der Wiener Landtag beschloss 2002 ein kommunales Wahlrecht für Drittstaatsangehörige mit mindestens fünfjährigem Aufenthalt in Wien. Das Gesetz wurde, auf Antrag der ÖVP, vom Verfassungsgerichtshof gekippt. Die Begründung: Die Österreichische Bundesverfassung binde das Wahlrecht an die Staatsbürgerschaft. Das Urteil des Verfassungsgerichtshofes bewirkte in der Folge keine Novellierung der entsprechenden Verfassungsbestimmung.

Altersgrenzen und sonstige Ausschließung

Das allgemeine Wahlrecht ist ein Erwachsenenwahlrecht. Überall in liberalen Wahldemokratien existieren Altersgrenzen für die Zulassung zum aktiven und passiven Wahlrecht, ein Kinderwahlrecht wird nicht ernsthaft in Erwägung gezogen. Allerdings besteht, insbesondere von katholisch-konservativer Seite, die Forderung nach einem Familienwahlrecht, um die Interessen von Familien stärker zu berücksichtigen bzw. um die Überrepräsentation der älteren Bevölkerung zu neutralisieren. Das Stimmrecht von Erwachsenen ist in diesen Vorschlägen entsprechend der Kinderzahl gewichtet, was jedoch dem Prinzip des gleichen Wahlrechts zuwiderläuft.

Die Wahlaltersgrenze für nationale Wahlen liegt in Europa bei 18 Jahren. Lediglich in einigen wenigen Staaten, die nicht uneingeschränkt als Wahldemokratien (nach *Freedom House*) beurteilt werden, liegt das Wahlalter unter 18 Jahren: Nordkorea, Kuba, Seychellen, Osttimor, Nicaragua, Brasilien. Österreich bildet europaweit die Ausnahme – mit der Wahlrechtsreform 2007 wurde die Altersgrenze auf 16 gesenkt. Die Senkung der Altersgrenzen – somit die Ausweitung des Demos – geht meist nicht auf soziale Bewegungen zurück, sie ist vielmehr eine Top-down-Maßnahme von Parlamenten, Regierungen und politischen Parteien als Mittel zur Hebung des politischen Interesses bzw. gegen politische Apathie bei Jugendlichen (Karlhofer 2007).

Welche Wahlausschließungsgründe – neben der oben bereits diskutierten Staatsbürgerschaft – praktizieren liberale Demokratien des 21. Jahrhunderts? Ein expliziter Wahlrechtsausschließungsgrund ist eine gerichtliche Verurteilung bzw. eine Haftstrafe, fallweise auch die Einweisung in ein psychiatrisches Krankenhaus. Ein anderer Wahlausschließungsgrund wird in politischen Transformationsphasen schlagend. So waren in Deutschland und in Österreich nach 1945 den NSDAP-Mitgliedern die politischen Rechte verwehrt (in Österreich bis 1949; in Deutschland den sogenannten Mitläufern bis 1947). In den postsozialistischen Staaten waren nach 1989 Mitglieder der früheren politischen Klasse vom aktiven wie passiven Wahlrecht ausgeschlossen. Bei den ersten, nach dem Sturz von Saddam Hussein durchgeführten Wahlen in Irak waren Funktionäre der früheren Baath-Partei ebenfalls vom Wahlrecht ausgeschlossen.

Die Ausschließung aus politischen Gründen in Phasen des – nicht an der Wahlurne herbeigeführten Regimewechsels – ist zeitlich befristet. Die mehr oder weniger rasche Zuerkennung von politischen Rechten erfolgt auch in diesem Falle mit dem Argument der Inklusion und somit der gesellschaftlichen wie politischen Stabilitätswirkung des Wahlrechts.

Ist es rechtens, dass das Recht Pflicht ist?

Das Wahlrecht als individuelles Recht, das „allen" zusteht, musste hart erkämpft werden. Es stellt heute eine Säule der liberalen Demokratie dar. Kann dieses Recht auch als Pflicht interpretiert werden?

Entgegen der liberalen Position – ein Recht kann in Anspruch genommen werden oder auch nicht – bestehen in einigen demokratischen Staaten Bestimmungen, die eine Wahlpflicht vorsehen. Das Recht zur Teilnahme wird als Pflicht zur Teilnahme an der Wahl interpretiert. Das offizielle Argument für diese Praxis ist, dass das Wählen eine Aktivität zu Gunsten des Gemeinwohls ist und daher das Recht in eine Pflicht umgewandelt werden müsse (Lacroix 2007).

Empirisch gesehen geht die Zahl der Länder mit Wahlpflicht zurück. Heute existieren verpflichtende Regelungen noch in Belgien, Luxemburg, Griechenland und in der Schweiz auf kantonaler Ebene. In Österreich wurde die Wahlpflicht bei der Bundespräsidentenwahl und auf Länderebene in den 1990er Jahren aufgehoben. In allen Ländern ist bei Missachtung dieser staatsbürgerlichen Pflicht aber lediglich eine schwache Sanktionierung vorgesehen.

Die Wahlbeteiligung war zu Beginn des 20. Jahrhunderts, als in den meisten Staaten das bis dahin auf spezifische Gruppen beschränkte Wahlrecht erweitert wurde, durchwegs höher als zu Beginn des 21. Jahrhunderts. Mit der Selbstverständlichkeit des allgemeinen Wahlrechts sinkt die Inanspruchnahme. Wird die Wichtigkeit des Wählens – über Wahlen erfolgt Machtzuteilung, gewinnen politische Parteien Stärke oder sie werden geschwächt – von den WählerInnen nicht erkannt? Was heißt es, dass die Möglichkeit des Wählens immer öfter nicht in Anspruch genommen?

Die Wahlbeteiligung geht in allen europäischen Ländern seit den 1990er Jahren zurück. Es handelt sich dabei aber nicht um einen einheitlichen, kontinuierlichen Trend, sondern um eine Fluktuation mit ausgeprägten nationalen Unterschieden, bei denen gesellschaftliche, politische wie mediale Faktoren als Erklärung relevant sind. Politische Krisen, aber auch hohe Zufriedenheit können sich ebenso wie ein aggressiver, negativer Wahlkampfstil der Parteien in der Beteiligungsrate niederschlagen. David Broughton (2002: 95) nennt mit Blick auf die empirische Entwicklung der Wahlbeteiligung in Europa vier institutionelle Faktoren:

- Die Art der Wahl: Die Beteiligung ist bei nationalen deutlich höher als bei lokalen oder bei EU-Wahlen, und sie ist höher, wenn „*first order*"- (nationale) und „*second order*"-Wahlen zeitlich zusammengelegt werden;
- Das Wahlsystem: Bei Wahlen mit Verhältniswahlsystem sind die Beteiligungsraten durchwegs höher als bei Mehrheitswahlsystemen;
- Wahlpflicht: Staaten, Länder, Kantone und Gemeinden mit Wahlpflicht zeigen höhere Wahlbeteiligung als politische Einheiten ohne derartige Bestimmungen;
- Wettbewerb: Steigende Wahlbeteiligungen, in Deutschland 1998 oder in Österreich 2002, ebenso wie sinkende Wahlbeteiligung, in Großbritannien 2001, werden auch darauf zurückgeführt, dass durch die Unsicherheit des Wahlausganges bzw. die prognostizierte Knappheit des Wahlausgangs Parteien und Medien besonders engagiert im Wahlkampf auftreten und die WählerInnen den Eindruck bekommen, dass machtpolitisch ihre Stimme zählt.

Die sinkende Wahlbeteiligung ist aber nicht nur im Kontext von Wahlrechten und -systemen zu diskutieren, sondern auch im Zusammenhang mit gesellschaftlichen und politischen Entwicklungen. Ein Aspekt ist der Rückgang der ideologischen Bindekraft bzw. Mobilisierungsfähigkeit der politischen Parteien. Je mehr politische Parteien ihr Potential zur Herstellung gesellschaftlicher Kohäsion verlieren, desto mehr ist ein Verlust der Bindekraft durch Wahlen zu beobachten. In diesem Kontext ist auch die Bedeutungsänderung der Politik für das alltägliche Leben der Menschen zu sehen. Die Wahlbeteiligung hänge am stärksten davon ab, so Sartori (1997: 119), ob die Menschen den Eindruck hätten, in der Politik gehe es um viel. Dazu gehört auch der Eindruck, dass die Politik als weit entfernt gilt und daher als irrelevant für das Leben empfunden wird.

Mehr Bequemlichkeit: Briefwahl und E-Wählen

Kommunikationstechnologien verändern Wahlkämpfe, die wissenschaftlich-technologische Entwicklungen beeinflussen das Wählen, die politische Teilnahmekultur und das Wahlrecht (Saage 2005: 39). Gegenwärtig ist die technologische Entwicklung in der Debatte um elektronisches Wählen – *E-Voting* – und einige damit einhergehende Probleme bei Wahlprinzipien relevant.

Als *E-Voting* wird durch elektronische Instrumente unterstütztes Wählen bezeichnet. Neben der elektronischen WählerInnenregistrierung und den elektronischen Wahlauszählungsmaschinen ist die Stimmabgabe via Internet, fern der Wahlzelle, zu nennen (Kerstin/Baldersheim 2004: 5). Mit dem Internet werden eine Reihe von Erwartungen verbunden – Erwartungen hinsichtlich mehr direkter Demokratie, mehr Transparenz, mehr Informationen über Politik bzw. einer einfacheren Informationsbeschaffung bzw. -übermittlung und einer Erhöhung der Wahlbeteiligung. Im Zuge des Rückgangs der Wahlbeteiligung werden *E-Voting* und die Briefwahl als Möglichkeiten genannt, den Zugang zur Wahl zu erleichtern, den individuellen Aufwand zu reduzieren und dadurch Beteiligung zu erhöhen. Sie werden als Möglichkeit gegen die Politikverdrossenheit propagiert (Buchstein 2004: 45).

Vor dem Internet wird aber auch gewarnt, *Digital Divide* ist das Schlagwort, das auf Ungleichheit durch technische, materielle und bildungsmäßige Zugangshürden verweist (Norris 2001). Auch die Verlässlichkeit und Nachvollziehbarkeit des Wahlergebnisses im Falle einer Beeinspruchung ist nicht geklärt. Schließlich werden Probleme bei der Einhaltung der demokratischen Wahlprinzipien, nämlich der Garantie des Wahlgeheimnisses und der Sicherstellung der persönlichen Stimmabgabe, genannt. Diese Bedenken hinsichtlich der Nichtgewährleistung von freien und geheimen Wahlen teilte der österreichische Verfassungsgerichtshof in seiner Entscheidung gegen die Einführung der Briefwahl (1985).

In Europa wurde bisher einzig bei Parlamentswahlen in Estland (im Jahre 2005) die Möglichkeit des *E-Voting* genutzt. Ausgehend von einer sehr niedrigen Wahlbeteiligung haben aber lediglich zwei Prozent der WählerInnen sich via Internet an der Wahl beteiligt. Die Wahlbeteiligung blieb insgesamt weiterhin niedrig.

Weniger restriktiv ist die rechtliche Lage bei der Briefwahl, obwohl auch hier das Problem der geheimen und persönlichen Stimmabgabe besteht. Die Hälfte der EU-Staaten praktiziert diese rechtliche Möglichkeit (Buchstein 2004: 51). Briefwahl bedeutet Wählen per Post, Stimmabgabe außerhalb der Wahlzelle. Die Briefwahl ist nicht neu, sie existiert in Deutschland seit 1956. Hier wurden bei der bundesweiten Wahl 2002 immerhin 16 Prozent der Stimmen über Briefwahl abgegeben. In der Schweiz geben bereits mehr als 60 Prozent der Wählenden ihre Stimme per Briefsendung ab.

Ähnlichkeiten und Unterschiede

Abschließend wollen wir einen vergleichenden Blick auf einzelne Ausprägungen des Wahlrechts in Deutschland, Österreich und der Schweiz werfen.

Tabelle 2.1: Wahlrechte in Deutschland, Österreich und der Schweiz

	Deutschland	**Österreich**	**Schweiz**
Allgemeines Männer-Wahlrecht	1869/71	1907	1848/1907
Allgemeines Frauen-Wahlrecht	1919	1918	1971 (1991 im Kanton Appenzell-Innerrhoden)
Alter (aktiv)	18	16	18
Kommunales Ausländer-Wahlrecht (Drittstaatsangehörige)	nein	nein	ja, in einigen Kantonen und Gemeinden
Wahlberechtigte (gemessen an der Bevölkerung im Wahlalter)	91,63 %	90,33 %	80,86 %
E-Voting, Briefwahl	E-Voting: nein Briefwahl: ja	E-Voting: nein Briefwahl: ja (seit 2007)	E-Voting: nein Briefwahl und Wählen vor dem Wahltermin: ja
Wahlbeteiligung	Bundestag (2006): 77,7 % EP-Wahlen (2004): 43 %	Nationalrat (2006): 74,2 % EP-Wahlen (2004): 42,4 %	Nationalrat (2007): 48,3 %
Wahlpflicht	nein	Bis Mitte der 1990er Jahre auf Länderebene (z. B. Tirol, Vorarlberg)	Kantonsebene (Schaffhausen)

Der Dreiländervergleich illustriert die große Variation an wahlrechtlichen Bestimmungen. Der Vergleich unterstreicht die These, wonach es sich bei Wahlrechten nicht um neutrale Institutionen handelt, sondern um direkte Widerspiegelungen der Werthaltungen und Interessen jener politischen Kräfte, die die Abstimmungsmacht haben. Das Wahlrecht ist

– wie auch die Wahlsysteme – ein Ausdruck der politischen Machtverhältnisse sowie der sozioökonomischen Ungleichheiten und Konfliktkonstellationen. Nicht immer jedoch ist der Nachweis der Interessengebundenheit so deutlich zu erbringen wie am Beispiel der Verhinderung des Frauenwahlrechts, der Diskussionen um die Doppelstaatsbürgerschaft oder der Entkoppelung des Wahlrechts von der Staatsbürgerschaft auf der lokalen Ebene.

Es ist auch zu erwähnen, dass in den unterschiedlichen Wahlrechten nicht nur die Machtverhältnisse zum Ausdruck kommen, sondern auch unterschiedliche Partizipationskulturen und Traditionen des Politik- und Demokratieverständnisses. Für die Schweiz fällt die niedrige Wahlbeteiligung auf, allerdings ist die repräsentative Demokratie von einer direkten Abstimmungsdemokratie begleitet, d. h., Menschen beteiligen sich zwar weniger an Wahlen, sie nutzen aber die Gelegenheit zur Beteiligung an Abstimmungen.

In allen drei Ländern liegt ein hoher Anteil an nicht Wahlberechtigten vor. Da in allen drei Ländern die bestehenden Wahlausschließungsgründe keinen quantitativ nennenswerten Niederschlag finden, drückt die Zahl vor allem die Wohnsitzbevölkerung ohne Staatsbürgerschaft aus. In der Schweiz beträgt dieser Anteil nahezu 20 Prozent der Bevölkerung im Wahlalter. Was bedeutet dies für die die gesellschaftliche und politische Stabilität unterstützende Inklusionsfunktion von Wahlen? Der Ausschluss bestimmter Gruppen vom Stimmrecht setzt genau diese Gruppen bei Wahlkämpfen populistischen, nationalistischen und rassistischen Äußerungen aus (Stichwort: „Ausländerwahlkämpfe“ in Österreich und in der Schweiz).

Ein inkludierendes Wahlrecht – z. B. für im Ausland lebende StaatsbürgerInnen – geht mit einem exkludierenden im Hinblick auf andere Bevölkerungsgruppen einher, z. B. für im Inland lebende AusländerInnen. In Debatten zur sinkenden Wahlbeteiligung, die in den Kontext von Apathie, Verdrossenheit und Krise der Demokratie gestellt wird, wird nur selten ein Zusammenhang mit der Verweigerung des Wahlrechts aufgrund der Staatsbürgerschaft hergestellt. Der Ausschluss bleibt hier meist unthematisiert, die Diffusion zwischen den beiden Feldern, Migration und Wahlbeteiligung, muss erst noch stattfinden.

Literatur

Bauböck, Rainer (1994): From Aliens to Citizens: Redefining the Status of Immigrants in Europe. Aldershot: Avebury.

Bauer, Werner T: Das kommunale AusländerInnenwahlrecht im europäischen Vergleich. Wien 2007. www.politikberatung.or.at; letzter Zugriff 25. 01. 2008.

Beckman, Ludvig (2006): Citizenship and Voting Rights. Should Resident Aliens Vote? Citizenship Studies. Vol. 10, Issue 2, 153–165.

Broughton, David (2002): Participation and Voting. In: Paul Heywood & Erik Jones & Martin Rhodes (eds.): Developments in West European Politics. Houndmills: Palgrave Macmillan.

Buchstein, Hubertus (2004): Online Democracy. Is it Viable? Is it Desirable? Internet Voting and Normative Democratic Theory. In: Norbert Kersting & Harald Baldersheim (eds.): Electronic Voting and Democracy. A Comparative Analysis. Houndmills: Palgrave Macmillan, 39–60.

Dahl, Robert A. (2000): On Democracy. New Haven and London: Yale University Press.

Evans, Jocelyn A. (2004): Voters and Voting. An Introduction. London, Thousand Oaks, New Delhi: Sage.

Farrel, David M. (2001): Electoral Systems. A Comparative Introduction. Houndmills: Palgrave Macmillan.

Grugel, Jean (2002): Democratization. A Critical Introduction. Houndmills: Palgrave Macmillan.

Karlhofer, Ferdinand (2007): Wählen mit 16: Erwartungen und Perspektiven. Informationen zur Politischen Bildung, Nr. 27, 37–44.

Katz, Richard S. (1997): Democracy and Elections. New York, Oxford: Oxford University Press.

Kersting, Norbert & Baldersheim, Harald (2004): Electronic Voting and Democratic Issues: An Introduction. In: Kersting, Norbert & Baldersheim, Harald (eds.): Electronic Voting and Democracy. A Comparative Analysis. Houndmills: Palgrave Macmillan, 3–19.

Lacroix, Justine (2007): A Liberal Defence of Compulsory Voting. Politics, Vol. 27 (3), 190–195.

Nohlen, Dieter (2007): Wahlrecht und Parteiensystem. 5. Auflage, Opladen & Farmington Hills: Verlag Barbara Budrich.

Saage, Richard (2005): Demokratietheorien. Historischer Prozess – Theoretische Entwicklung – Soziotechnische Bedingungen. Eine Einführung. Wiesbaden: Verlag für Sozialwissenschaften.

Sartori, Giovanni (1997): Demokratietheorie. Darmstadt: Wissenschaftliche Buchgesellschaft.

Schirmacher, Kaethe (1976): Die Suffragettes. Berlin: Frauen-Clit Verlag.
Ucakar, Karl (1985): Demokratie und Wahlrecht in Österreich. Zur Entwicklung von politischer Partizipation und staatlicher Legitimationspolitik. Wien.
Valchars, Gerd (2006): Defizitäre Demokratie. Staatsbürgerschaft und Wahlrecht im Einwanderungsland Österreich. Wien: Braumüller.
Waldrauch, Harald (2003): Wahlrechte ausländischer Staatsangehöriger in europäischen und klassischen Einwanderungsstaaten: Ein Überblick. Wiener Hefte zu Migration und Integration in Theorie und Praxis. Heft 1, 1. Jahrgang, 55–75.

Internetadressen

Demokratiezentrum Wien: www.demokratiezentrum.org
International Institute for Democracy and Electoral Assistance (IDEA): http://www.idea.int

3 Wahlverhalten

Wenn das sprichwörtliche „Kreuzerl" am Stimmzettel auch nach einem simplen Akt aussehen mag, ist dies doch nur der Endpunkt eines bisweilen recht komplexen Entscheidungsprozesses – insbesondere aus analytischer Perspektive. Wahlen haben Vor-Wahlhintergründe.

In diesem Kapitel beschäftigen wir uns mit der Frage, wer wen warum wählt, und skizzieren Ansätze der Wahlforschung. Wir zeichnen nach, wie sich entlang gesellschaftlicher Spannungslinien politische Parteien und Parteiensysteme entwickelten und wie manche der historischen Konfliktlinien bis in die Gegenwart wirken; andere, insbesondere wertorientierte Spannungslinien, sind jüngeren Ursprungs und bewirken eine Reform und Erweiterung etablierter Parteiensysteme. Der makrosoziologische Ansatz sieht in dieser Verortung von politischen Parteien einen wesentlichen Grund dafür, dass bestimmte soziale Gruppen ein recht homogenes und über den Zeitverlauf konstantes Wahlverhalten zeigen. Mehr das Individuum in den analytischen Vordergrund rückend, besprechen wir das mikrosoziologische Modell der Columbia Schule und das sozial-psychologische Modell der Michigan Schule, beides klassische Ansätze der Wahlforschung. Die Michigan Schule bildet das methodische Fundament für viele rezente Wahlanalysen.

Vor die Aufgabe gestellt, eine Wahlentscheidung in einer komplexen Situation zu treffen, greifen WählerInnen auf vereinfachende Heuristiken zurück. Wir werden sehen, dass die ideologische Positionierung zwischen den Polen „links" und „rechts" auch aktuell noch Orientierungs- und Entscheidungshilfe geben kann.

Die Wahlentscheidung als Ergebnis einer Kosten-Nutzen-Analyse zu betrachten, ist Gegenstand der ökonomischen Theorie des Wählens, eines Ansatzes mit durchaus überraschenden Konsequenzen.

Abschließend werfen wir einen Blick auf neuere psychologische Ansätze der Informationsverarbeitung, auf ökonomisches Wählen, auf Nichtwahl und auf die Rolle der Massenmedien.

Gesellschaftliche Spannungslinien

Seymour Martin Lipset und Stein Rokkan (1967) beschreiben und analysieren die historische Entwicklung politischer Parteien und Parteiensysteme entlang gesellschaftlicher Konflikte bzw. Spannungslinien (*cleavages*), die sich in zwei Phasen der Modernisierung westlicher Gesellschaften herausbildeten. Diese historisch-thematischen Wurzeln sind bis heute in ideologischen Positionen und sozialen Interessen der politischen Parteien präsent. Folglich ist es auch nicht verwunderlich, dass WählerInnen über mehrere Wahlgänge hinweg für dieselbe Partei votieren.

Die erste Phase der Modernisierung, die nationale Revolution, geht zurück in die Zeit des 18. und 19. Jahrhunderts, als sich in Europa Nationalstaaten bildeten, und brachte nach Lipset/Rokkan zwei Spannungslinien hervor: eine Zentrum-Peripherie-Linie und eine konfessionell-säkulare.

Die Zentrum-Peripherie-Konfliktlinie stellt eine dominante nationale Kultur den ethnischen, sprachlichen oder religiösen Minderheiten an der Peripherie gegenüber. Russell Dalton (2006) nennt als historische Beispiele für diese Spannungslinie die Zugehörigkeit des Elsass zu Frankreich bzw. zu Deutschland und das Streben Schottlands nach nationaler Eigenständigkeit gegenüber Großbritannien. Auch in der Gegenwart sind derartige Spannungslinien sichtbar, etwa jene zwischen Bayern und der Bundesrepublik. Die bayrische politische Landschaft wird dominiert von der Christlich-Sozialen Union (CSU), einer bislang nur in Bayern kandidierenden Partei, die ansonsten bundesweit auftretende „Schwesterpartei“ CDU hält sich von Bayern fern. In Österreich gehört in den westlichen und südlichen Bundesländern der Anti-Wien-Reflex zum Repertoire der Kommunikation und Interpretation von Politik.

Die zweite Spannungslinie entstand aus dem Versuch nationaler Regierungen, sich dem traditionellen Einfluss der katholischen Kirche zu entziehen, sowie dem Widerstand, den die Kirche diesen Bestrebungen entgegensetzte. Die Bemühungen um nationale Autonomie wurden hingegen von protestantischen Kreisen oft unterstützt. Auch diese konfessionell-säkulare Trennlinie ist bis heute sichtbar. In Deutschland stimmt die große Mehrheit der KatholikInnen für die CDU/CSU und eine Mehrheit der protestantischen sowie konfessionslosen WählerInnen für die SPD (Schoen 2005). In Österreich spielt hingegen die Kirchenbindung eine wesentlichere Rolle als die Konfessionszugehörigkeit. WählerInnen mit starker Kirchenbindung entscheiden sich in überwiegender Mehrheit für die konservative, christlich-demokratisch geprägte ÖVP, während Kirchenferne und Konfessionslose mehrheitlich für die sozialdemokratische SPÖ votieren (Plasser & Seeber 2007).

Die industrielle Revolution im 19. Jahrhundert, die zweite Phase der Modernisierung also, brachte ebenfalls zwei Spannungslinien hervor. Eine erste zwischen Stadt und Land, zwischen ländlichen/agrarischen Interessen und jenen einer aufsteigenden Klasse von Industriellen und eine zweite innerhalb des industriellen Sektors zwischen der besitzenden Klasse – d. h. jenen, die über die Produktionsmittel verfügten – und der Arbeiterklasse. Auch wenn ökonomische und gesellschaftliche Entwicklungen Wirtschaft und Arbeitswelt wesentlich veränderten, bleiben beide *cleavages* heute noch beobachtbar, wenn auch in anderer Gewichtung bzw. Ausprägung. Die in der Landwirtschaft tätige Bevölkerung ist zwar enorm geschrumpft (auf ungefähr 1 % in Deutschland, 5 % in Österreich und 3 % in der Schweiz), die Vertretung agrarischer Interessen gilt aber weiter als mächtig, und die Bindung der WählerInnen in diesem Segment an christlich-demokratische Parteien bleibt stark.

Die der Dichotomie Kapital versus Arbeit entsprechende Zwei-Klassen-Gesellschaft ist einer in der sozialen Differenzierung pluralistischen Gesellschaftsstruktur gewichen. Neben der alten Mittelklasse von Selbständigen und Landwirten und der Arbeiterklasse bildete sich eine neue Mittelschicht, deren Interessenlage sich nicht unmittelbar in den traditionellen Klassenkonflikt einordnen lässt. Dalton (2006) verweist auf die Trennung von Kapitalbesitz und Management sowie auf die Ausweitung des Dienstleistungs- und des öffentlichen Sektors. Diese Verschiebungen haben eine neue soziale Schicht heranwachsen lassen, die weniger an den „alten" ökonomischen Fragen interessiert ist und deren Lebensstil sich von jenem der *blue-collar workers* unterscheidet. Die Folge ist das politische Sichtbarwerden einer neuen, mit geänderten Wertorientierungen zusammenhängenden Spannungslinie.

Wertorientierte Spannungslinien

In einer vergleichenden Studie untersuchte Ronald Inglehart (1997) Änderungen in den Wertorientierungen in 43 Ländern. Gesicherter Lebensunterhalt, ökonomisches Wachstum, nationale Interessen, Recht und Ordnung zählen für Inglehart zu materialistischen Werten, Recht auf freie Meinungsäußerung, Mitsprache am Arbeitsplatz und Einfluss auf politische Entscheidungen sowie Ausdruck der eigenen Persönlichkeit zu postmaterialistischen Werten. Die Verschiebung von materialistischen zu postmaterialistischen Orientierungen nach dem Zweiten Weltkrieg brachte offene Auseinandersetzungen über Umweltfragen, Rollenbilder und die gesellschaftliche Stellung der Frauen, Gleichheit und bürgerliche Rechte und mehr Mitsprache – ein Konflikt um *Old Politics* versus *New Politics*. Die Entstehung und Etablierung grüner Parteien kann vor diesem Hintergrund verstanden werden.

Bindung an politische Parteien

Soziale Spannungslinien hatten und haben einen wesentlichen Einfluss auf die Ausgestaltung des Parteiensystems. Die Parteienforschung erkennt folgenden Zusammenhang: Sobald sich soziale Gruppen und Parteien entlang der Konfliktlinien gruppieren (*alignment*), bleibt diese Verbindung relativ stabil bestehen – einerseits bedingt durch Sozialisationseffekte, andererseits durch strategisches Handeln und Mobilisierungsbemühungen der Parteien. Indem neue Spannungslinien an Bedeutung gewinnen, kann die Stärke anderer Konfliktlinien abnehmen und – interagierend mit dem Verhalten der Parteien – die durch sie vermittelte Bindung zwischen gesellschaftlichen Gruppen und Parteien schwächer werden (*dealignment*).

Entscheidungsfindung kurz vor der Wahl und hohe Wechselraten sind empirische Hinweise auf eine schwächer werdende Bindungskraft der Parteien. Bei den letzten nationalen Wahlen entschieden sich in Deutschland 29 %, in Österreich 24 % und in der Schweiz über die Hälfte der WählerInnen im Laufe des Wahlkampfes oder erst kurz vor der Wahl. Die Wechselrate lag in Deutschland bei 28 %, in Österreich bei 26 %.

Der kausale Trichter als Modell des Wahlverhaltens

Der Ansatz von Lipset & Rokkan (1967) behauptet, dass die Zugehörigkeit zu einer sozialen Gruppe keine direkten Auswirkungen auf das Wahlverhalten hat, die Effekte entstehen vielmehr indirekt über Vermittlungsmechanismen. Die Autoren verfolgen damit einen explizit *makrosoziologischen Ansatz*.

Demgegenüber argumentierte die *Columbia Schule* schon Mitte der 1940er Jahre auf individueller Ebene (vgl. etwa Lazarsfeld, Berelson & Gaudet 1968). In diesem Modell bestimmen objektive soziale Merkmale eines Menschen, in welchen gesellschaftlichen Kreisen er/sie sich bewegt.

Die eigene soziale Umgebung, von der Familie bis zum Arbeitsplatz, vermittelt Orientierungshilfen und formt politische Einstellungen, was zur Folge hat, dass BürgerInnen in denselben sozialen Positionen tendenziell auch dieselbe Partei wählen. Dieser Ansatz kann als *mikrosoziologisches Interaktionsmodell* verstanden werden.

Der Columbia Schule wurde Sozialdeterminismus vorgeworfen, denn allein die Fluktuationen der Ergebnisse aufeinander folgender Wahlen zeigen die Grenzen eines rein soziologischen Ansatzes. Diesem Defizit wollte die *Michigan Schule* (vgl. Campbell, Converse, Miller & Stokes 1960) begegnen, indem sie Prägungen durch das soziale Milieu an den Beginn eines mehrstufigen, individuellen Prozesses der Entscheidungsfindung vor einer Wahl setzt. Das *sozialpsychologische Modell* beschreibt den Entscheidungsprozess als einen Kausalitätstrichter, der einzelne Aspekte der Entscheidungsfindung in einen zeitlichen und kausalen Zusammenhang bringt.

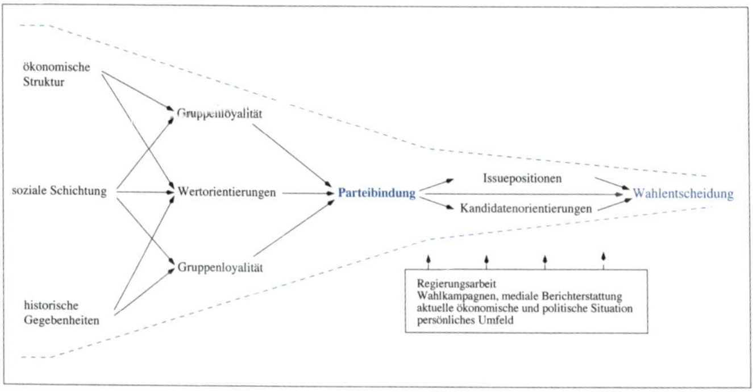

Abbildung 3.1: Der Kausalitätstrichter
Quelle: Dalton (2006), modifiziert und erweitert

Die Öffnung des Trichters in Abbildung 3.1 bezeichnet den Anfang einer Kette von Determinanten, die schließlich am Ende des Trichters zur Wahlentscheidung führt. Sozioökonomische Bedingungen und historische Gegebenheiten beeinflussen sowohl Gruppenloyalitäten als auch grundlegende Wertorientierungen, die ihrerseits affektive, längerfristige Bindungen an politische Parteien evozieren. Vor diesem Hintergrund bilden sich WählerInnen Meinungen zu den aktuellen Sachfragen und machen sich ein Bild von zur Wahl stehenden Persönlichkeiten. Dies in einer Situation, die durch die Regierungsarbeit der letzten Jahre, Wahlkampagnen und mediale Berichterstattung, die aktuelle ökonomische und politische Situation und das persönliche Umfeld geprägt ist.

Nach dem sozialpsychologischen Ansatz sind Parteibindung (im amerikanischen Kontext Parteiidentifikation), *Issue-* und Kandidatenorientierungen die zentralen Elemente; sie liegen der Wahlentscheidung am nächsten und haben deshalb einen starken und direkten Effekt auf die Stimmabgabe.

Anlässlich der letzten nationalen Wahlen bekannten sich – bei nicht vollständig vergleichbaren Fragestellungen – in Deutschland 68 %, in Österreich 57 % und in der Schweiz 60 % der Befragten dazu, einer Partei nahezustehen. In einer Analyse eines Exit-Polls zur österreichischen Nationalratswahl 2002 berichten Plasser, Ulram & Seeber (2003), dass zwei Drittel der Befragten ihre Wahlentscheidung vorrangig mit Themen und Kompetenzvermutungen und 30 % mit Einschätzungen der Spitzenkandidaten begründen.

Ideologische Einschätzungen

Politische Sachfragen sind oft komplex und für BürgerInnen schwierig zu beurteilen. Es bedarf einiger Sachkompetenz und aufwendiger Recherchen, um sich eine fundierte Meinung zu aktuellen Problemen verschaffen zu können. Der „umfassend informierte und rational handelnde Wähler", wie er vielleicht manchen Idealvorstellungen entsprechen mag, dürfte in der politischen Wahlpraxis die Ausnahme sein. BürgerInnen verfolgen vielmehr spezifische Interessen und richten ihr Informationsverhalten danach aus. Sie erarbeiten sich dadurch spezielle Kenntnisse, die ihnen mehr oder weniger fundierte Meinungen in gewissen Politikbereichen erlauben.

Aber auch ohne fundierte inhaltliche Standpunkte in einem größeren Bereich von Politikfeldern beziehen zu müssen, können WählerInnen entlang einer ideologischen Links-rechts-Dimension relativ konsistent Einschätzungen ihrer eigenen Positionen wie auch jene von politischen Parteien vornehmen. Die konkrete Interpretation der Dimension mag in verschiedenen Ländern unterschiedlich ausfallen: „links" und „rechts" können für die Pole „sozialistisch" und „kapitalistisch", „Staat" und „Markt", für „liberal" und „konservativ" oder für „Gleichheit" und „Freiheit" stehen, in jedem Fall markieren sie (alte oder neue) gesellschaftliche Spannungslinien. Die Frageformulierungen in der Umfrageforschung lassen die Terme „links“ und „rechts“ in der Regel auch unspezifiziert.

In Europa wird die Links-rechts-Skala – ungeachtet aller rhetorischen Beteuerungen des Bedeutungsverlusts von rechts und links – als eine der wichtigsten Faktoren für die Wahlentscheidung gesehen (van der Eijk, Schmitt & Binder 2005).

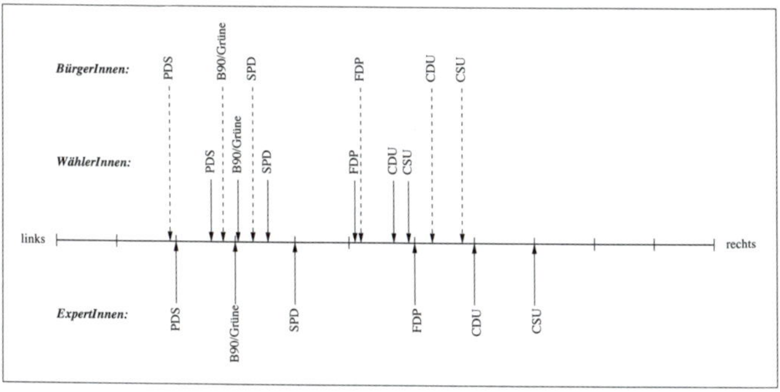

Abbildung 3.2: Ideologische Links-rechts-Positionierung der Parteien zur Bundestagswahl 2002. Einschätzung auf einer Skala zwischen 0 (links) und 10 (rechts) durch ExpertInnen (unten), BürgerInnen (oben, strichlierte Linien) und WählerInnen der Parteien (oben, durchgezogene Linien)
Quelle: Comparative Study of Electoral Systems, Module 2; eigene Berechnungen

Als ein Beispiel betrachten wir die Positionierungen der zur Bundestagswahl 2002 kandidierenden Parteien. In Abbildung 3.2 markieren die Pfeile die Mittelwerte der Einschätzungen durch ExpertInnen, durch BürgerInnen im Allgemeinen und die Wählerschaft der Parteien im Speziellen. Die Einschätzungen sind durchaus konsistent, was die Aussagekraft der Links-rechts-Skala unterstreicht. Allerdings fallen Verschiebungen auf, die zwei Mustern folgen: WählerInnen rücken „ihre“ Parteien näher zum politischen Zentrum, und ExpertInnen schätzen die Positionen der Parteien rechts der Mitte markant weiter rechts stehend ein, als sie von den BürgerInnen wahrgenommen werden.

Es wäre nun naheliegend anzunehmen, dass WählerInnen sich für jene Partei entscheiden, die ihnen auf der Links-rechts-Dimension am nächsten steht, was sich in der Tendenz auch empirisch nachweisen lässt. Allerdings ist zu berücksichtigen, dass diese Sichtweise eine starke Reduzierung eines komplexen politischen Wettbewerbsraumes auf eine Dimension mit sich bringt. Demgegenüber lässt sich einwenden, dass etwa grüne Parteien entlang neuer sozialer Spannungslinien entstanden sind, die sich nicht einfach in das Links-rechts-Schema einfügen lassen. Dies spricht dafür, zumindest eine weitere Dimension, etwa materialistische gegenüber postmaterialistischen Wertorientierungen, in die Betrachtungen mit einzubeziehen.

Räumliche Modelle, ein Ansatz der mathematischen Modellierung von Parteienkonkurrenz und Wahlentscheidungen, verallgemeinern die oben skizzierte Idee. Politischer Wettbewerb spielt sich ab in einem durch Politikfelder, Sachfragen, Images von KandidatInnen usw. aufgespannten mehrdimensionalen Raum. Parteien beziehen und besetzen in diesem Raum Positionen, WählerInnen entscheiden sich für jene Parteien, die ihnen hinsichtlich des „Bündels" von Aspekten am nächsten liegen.

WählerInnen als rationale AkteurInnen

Die den räumlichen Modellen zugrunde liegende Entscheidungsregel unterstellt WählerInnen (und Parteien) rationales Handeln, d.h., sie verhalten sich so, dass sie ihren individuellen Nutzen maximieren, indem sie jene Partei wählen, die ihren eigenen Positionen am nächsten kommt.

Die Vorstellung Nutzen maximierender Individuen eröffnet eine weitere Perspektive der Analyse von Wahlentscheidungen (den *Rational-choice*-Ansatz). Nehmen wir an, WählerInnen sind über ihre Optionen vollständig informiert, wissen, welche Wahlergebnisse möglich sind, und können ihren eigenen Nutzen aus dem Resultat der Wahl korrekt einschätzen. Das tatsächliche Wahlergebnis hängt vom Verhalten anderer WählerInnen ab. In Anlehnung an Pappi & Shikano (2007) analysieren wir nun die Struktur des Entscheidungsproblems anhand einer einfachen Situation, bei der nur die Parteien A und B zur Wahl stehen. Damit bieten sich einer Wählerin, nennen wir sie Frau X, drei Optionen: A oder B zu wählen oder erst gar nicht zur Wahl zu gehen. Mit der Teilnahme an der Wahl sind Kosten K verbunden, die durch Informationsbeschaffung, aufzubringende Zeit etc. entstehen. Gewinnt A die Wahl, entsteht für Frau X ein Nutzen von 1, wenn nicht, ist der Nutzen 0. Drei Situationen muss Frau X bei der Entscheidungsfindung berücksichtigen:

- Situation 1: Partei A gewinnt die Wahl auch dann, wenn Frau X nicht teilnehmen sollte;

- Situation 2: Partei A gewinnt die Wahl mit der Stimme von Frau X, die das Wahlergebnis damit entscheidet;
- Situation 3: Partei B gewinnt die Wahl in jedem Fall.

Subjektiv schätzt Frau X die Wahrscheinlichkeiten für das Zutreffen der drei Situationen mit den Wahrscheinlichkeiten p_1, p_2 und p_3 ein. Mit diesen Wahrscheinlichkeiten lässt sich der erwartete Nutzen für jede Option berechnen, indem die je nach Situation eintretenden Nutzen mit den Eintrittswahrscheinlichkeiten gewichtet (d.h. multipliziert) summiert werden. Dies ergibt:

Tabelle 3.1: Wahlentscheidung unter Unsicherheit

	Handlungssituationen			
Option	Situation 1	Situation 2	Situation 3	Erwarteter Nutzen
	p_1	p_2	p_3	
Wähle A	1–K	1–K	0–K	$p_1 \cdot (1-K) + p_2 \cdot (1-K) - p_3 \cdot K$
Wähle B	1–K	0–K	0 K	$p_1 \cdot (1-K) - p_2 \cdot K - p_3 \cdot K$
Nichtwahl	1	½	0	$p_1 + p_2/2$

Der erwartete Nutzen für die Wahl von A ist jedenfalls nicht kleiner als der für die Wahl von B, unter der Voraussetzung, an der Wahl teilzunehmen, ist es also rational, A die Stimme zu geben. Eine einfache Berechnung zeigt: Der erwartete Nutzen für die Option nicht zur Wahl zu gehen ist größer als jener für die Option A zu wählen, wenn das Doppelte der Kosten ($2 \cdot K$) größer ist als p_2, der Wahrscheinlichkeit dafür, dass die Stimme von Frau X die Wahl entscheidet. Selbst bei einem äußerst knappen Kopf-an-Kopf-Rennen wird diese Bedingung erfüllt sein. Die Teilnahme an Wahlen ist damit nicht rational, man spricht vom *Wahlparadoxon*. Dem ließe sich entgegnen, dass durch die Teilnahme an Wahlen in Erfüllung einer „Bürgerpflicht" ein genügend großer Nutzen entstehen würde, der das Auftreten des Paradoxons verhindern würde (vgl. dazu Blais 2000).

Der hier kurz angerissene ökonomische Ansatz der Wahlforschung (vgl. dazu ausführlich Arzheimer & Schmitt 2005 oder Evans 2004) und die weiter oben besprochenen soziologisch-sozialpsychologischen Ansätze stehen für sehr unterschiedliche Forschungstraditionen, in der empirischen Forschung dominieren letztere.

Ein Ausblick

Beschreibungen und Erklärungen von Wahlverhalten und dessen Prognose sind Gegenstand vieler Bücher, Artikel und Forschungsberichte. Dieses Kapitel kann einen ersten Einstieg in die Materie leisten und auf einige weitere Ansätze und Aspekte verweisen.

Informationsverarbeitung und Wahlentscheidung: Anders als die weiter oben erwähnte ökonomische Entscheidungstheorie geht die psychologische Verhaltensforschung in der Analyse von Entscheidungsprozessen von realistischeren Vorstellungen bezüglich der kognitiven Fähigkeiten von Menschen aus. Menschliche Entscheidungsprozesse unterscheiden sich in ihrer kognitiven Schwierigkeit, dem Ausmaß an verarbeiteter Information, der Haltung gegenüber Konflikten und der Chance auf eine „gute" Entscheidung. Lau & Redlawsk (2006) greifen in ihrer Analyse des individuellen Wahlentscheidungsprozesses auf psychologische Theorien von Konsumentscheidungen zurück und identifizieren anhand des Informationsverhaltens vier Typen von WählerInnen, deren Entscheidungsstrategien sich in das Bild von vier Modellen fügen: dem *Rational-choice*-Modell, dem sozialpsychologischen Modell, dem räumlichen Modell und einem Modell beschränkter Rationalität. In Experimenten, die Wahlsituationen im Labor nachbilden, analysieren die Autoren die Entscheidungsprozesse und deren Resultate. Ausgehend von einem normativ gefassten Begriff einer korrekten Entscheidung, kommen sie zu zum Teil überraschenden Resultaten. So zeigt sich z. B., dass WählerInnen, die sich nach dem Muster des *Rational-choice*-Ansatzes verhalten, insbesondere in komplexeren Situationen schlechtere Entscheidungen treffen als Personen, die sich entsprechend einer der anderen drei Strategien verhalten. Dieser auf den ersten Blick widersprüchliche Befund wird darauf zurückgeführt, dass große Informationsmengen die Verarbeitung zu rationalen Entscheidungen schwierig machen.

Geschlechtsspezifisches Wahlverhalten: Sozioökonomische Geschlechterdifferenzen konstituieren keine elektorale Spannungslinie, entlang der sich Massenparteien etabliert hätten. Lange wurden Frauen in der Wahlforschung als politisch eher konservativ wählend eingeschätzt. Mit zunehmender Gleichheit der Geschlechter hat sich in den 1980er Jahren das Wahlverhalten der Frauen zu verändern begonnen, wie Inglehart & Norris (2003) beschreiben: Frauen entwickeln eine ausgeprägte Distanz zu rechtsextremen und rechtspopulistischen Parteien und wenden sich

stärker linken und – insbesondere jüngere und höher gebildete Frauen – grünen Parteien zu (vgl. Plasser & Seeber 2007).
Wie wir im nachfolgenden Kapitel Wahlsysteme sehen werden, reagieren die politischen Parteien auf frauenspezifisches Wahlverhalten. Bei sozialdemokratischen und grünen Parteien ist die Repräsentation von Frauen deutlich höher als bei konservativen und rechten Parteien.

Wählen mit Sechzehn: Das aktive Wahlrecht liegt in den europäischen Demokratien auf nationaler Ebene durchwegs bei 18 Jahren (25 Jahre bei den Wahlen zum italienischen Senat). Die einzige Ausnahme ist Österreich, das 2007 das Wahlalter generell auf 16 Jahre gesenkt hat (vgl. Karlhofer 2007). Über das Wahlverhalten der Jugendlichen liegt bislang eine Studie zu den Wiener Landtagswahlen 2005 vor (Projektgemeinschaft 2005). Überraschend lag die Wahlbeteiligung der jungen Menschen (59 %) nur knapp unter jener der Gesamtwählerschaft (61 %), was auch auf intensive Informationskampagnen zurückgeführt wird. Darüber hinaus steigerte der Zugang zur Wahl bei den Jugendlichen das Interesse an Politik und ermunterte sie zu Aktivitäten im Wahlkampf. Wie bei den Erwachsenen zeigte sich ein Zusammenhang zwischen Bildungsgrad bzw. sozialer Schichtzugehörigkeit und Wahlverhalten. Das Ergebnis der Grünen war im Vergleich zum Gesamtergebnis (15 %) bei den Jugendlichen klar besser (26 %), von Töchtern und Söhnen von Müttern mit Universitätsabschluss erhielten die Grünen eine relative Stimmenmehrheit.

Wirtschaftslage und Wahlentscheidung: Trotz einiger markanter Gegenbeispiele liefert die Analyse aggregierter Daten Hinweise auf einen Zusammenhang zwischen ökonomischen Indikatoren auf der einen Seite und Zustimmung zu Regierungen und Wahlresultaten auf der anderen Seite. Regierungsparteien profitieren in Zeiten wirtschaftlichen Wachstums, Arbeitslosigkeit und Inflation dämpfen die Zufriedenheit und somit die Zustimmung. Oppositionsparteien erfahren die Effekte mit umgekehrten Vorzeichen, aber weniger stark ausgeprägt. Studien auf individueller Ebene darüber, wie wirtschaftliche Bedingungen auf den individuellen Entscheidungsprozess Einfluss nehmen, brachten z. T. instabile und widersprüchliche, kontroversiell diskutierte Befunde (vgl. etwa Evans 2004). Dies sei auch auf methodische Probleme zurückzuführen, meinen van der Brug, van der Eijk & Franklin (2007) und schlagen vor, die Wahlentscheidung von der Einschätzung der politischen Parteien analytisch zu trennen. Die Autoren verwenden Umfragedaten zu den Wahlen zum Europäischen Parlament (*European Election Studies*) für umfangreiche statistische Analysen, die ein komplexes Muster an Reaktionen der WählerInnen auf ökonomische Umstände erkennen lassen. Um nur wenige Beispiele der umfangreichen empirischen Befunde zu nennen: Höhere Arbeitslosigkeitsraten führen zum Verlust an Unterstützung für große, links der Mitte angesiedelte Regierungsparteien, während kleine linke Parteien davon durchaus profitieren können; ökonomisches Wachstum benachteiligt kleinere Parteien rechts der Mitte.

Wahlbeteiligung: Die Beteiligung an Parlamentswahlen ist während der letzten Jahrzehnte in fast allen westeuropäischen Staaten tendenziell gesunken, in Österreich besonders stark von 92,6 % der wahlberechtigten Bevölkerung 1983 auf 74,2 % im Jahr 2006 und in Deutschland (West) von 89,1 % ebenfalls 1983 auf 77,7 % im Jahr 2005. Die Schweiz fällt nicht in dieses Muster, sie weist traditionell eine sehr niedrige Beteiligungsrate auf, 1983 waren es 48,9 % und 2007 fast unverändert 48,3 %.

Die Wahlen zum Europäischen Parlament (EP) brachten 2004 eine Wahlbeteiligung von 45,6 % europaweit und in allen Mitgliedsstaaten geringere Werte als bei nationalen Parlamentswahlen. Wahlen zum EP werden zu Wahlen zweiter Ordnung (*second order elections*) gezählt, d. h., sie werden als weniger bedeutend eingeschätzt, und zwar sowohl von den Parteien – deren Mobilisierungsbemühungen folglich weniger ambitioniert ausfallen – als auch von den WählerInnen – die nicht selten die Gelegenheit nützen, Unzufriedenheit mit nationalen Regierungsparteien zu äußern (vgl. Schmitt 2005).

In einer umfangreichen ländervergleichenden Studie sucht Franklin (2004) Antworten auf die häufig gestellte Frage, warum sich BürgerInnen an Wahlen beteiligen – und warum nicht. Der Rückgang der Wahlbeteiligung, so sein Befund, ist im Wesentlichen auf institutionelle Änderungen, wie die Abschaffung der Wahlpflicht oder die Senkung des Wahlalters, zurückzuführen. Deren Effekte zeigen sich aber nur mit zeitlicher Verzögerung, weil Wählen eine in jungen Jahren angeeignete Gewohnheit ist. Darüber hinaus hat der Charakter der Wahl einen wesentlichen Effekt auf die Wahlbeteiligung, erwartete knappe Wahlausgänge führen z. B. zu höheren Beteiligungsraten als Wahlen mit sicherem Gewinner.

Massenmedien und Wahlentscheidung: BürgerInnen erfahren die komplexe Welt der Politik im Allgemeinen nicht direkt, sondern vermittelt durch Printmedien, Radio und Fernsehen. Die Massenmedien bedienen einerseits die Nachfrage nach politischen Informationen, sie leisten aber gleichzeitig Überzeugungsarbeit und sind somit Quelle und Medium politischen Einflusses – und werden damit Teil eines Geflechts von Machtbeziehungen. Aus Sicht der Wahlforschung ist insbesondere die Frage von Interesse, wie BürgerInnen angebotene Informationen aufnehmen und verarbeiten, ob und wie sie ihre Einstellungen dadurch ändern oder vorläufige Wahlentscheidungen modifizieren. John Zaller (1992) entwickelte ein Modell der Veränderung öffentlicher Meinung, das RAS-Modell (*receive-accept-sample model*). Es postuliert einen dreistufigen Mechanismus individueller Meinungsbildung (und Wahlentscheidung als wichtiges Anwendungsbeispiel): Menschen rezipieren selektiv Informationen, akzeptieren diese oder nicht und können akzeptierte Informationen „stichprobenartig" aus dem Gedächtnis abrufen, um eine Meinung zu äußern oder eine Entscheidung zu fällen.

Das RAS-Modell bildet den Untersuchungsrahmen für einen guten Teil der Studien über den Einfluss massenmedialer (aber auch interpersoneller) Kommunikation auf das Wahlverhalten. In diesem Ausblick wollen wir als Beispiel auf die ländervergleichende Studie von Rüdiger Schmitt-Beck (2000) verweisen.

Literatur

Arzheimer, Kai & Schmitt, Annette (2005): Der ökonomische Ansatz. In: Falter & Schoen (2005), 243–303.

Blais, André (2000): To Vote or Not to Vote: The Merits and Limits of Rational Choice Theory. Pittsburgh, PA: University of Pittsburgh Press.

Campbell, Angus, Converse, Philip E., Miller, Warren E., Stokes, Donald (1960): The American Voter. Chicago: University of Chicago Press.

Dalton, Russel J. (2006): Citizen Politics: Public Opinion and Political Parties in Advanced Industrial Democracies. Washington, DC: CQ Press.

Evans, Jocelyn A. J. (2004): Voters & Voting. London: Sage.

Falter, Jürgen W. & Schoen, Harald (2005): Handbuch Wahlforschung. Wiesbaden: VS Verlag für Sozialwissenschaften.

Franklin, Mark (2004): Voter Turnout and the Dynamics of Electoral Competition in Established Democracies Since 1945. Cambridge: Cambridge University Press.

Inglehart, Ronald (1997): Modernization and Postmodernization: Cultural, Economic, and Political Change in 43 Societies. Princeton, NJ: Princeton University Press.

Inglehart, Ronald & Norris, Pippa (2003): Rising Tide. Gender Equality and Cultural Change around the World. Cambridge: Cambridge University Press.

Karlhofer, Ferdinand (2007): Wählen mit 16: Erwartungen und Perspektiven. Informationen zur Politischen Bildung, Nr. 27, 37–44.

Lau, Richard R. & Redlawsk, David P. (2006): How Voters Decide: Information Processing during Election Campaigns. Cambridge: Cambridge University Press.

Lazarsfeld, Paul F., Berelson, Bernard & Gaudet, Hazel (1968): The People's Choice. How The Voter Makes Up His Mind in a Presidential Campaign. 3rd Edition. New York: Columbia University Press.

Lipset, Seymour M. & Rokkan, Stein (1967): Cleavage structures, party systems and voter alignments. In: Lipset, Seymour & Rokkan, Stein: Party Systems and Voter Alignments: Cross-National Perspectives. New York: Free Press.

Pappi, Franz Urban & Shikano, Susumu (2007): Wahl- und Wählerforschung. Baden-Baden: Nomos.

Plasser, Fritz & Seeber, Gilg (2007): Das österreichische Wahlverhalten im internationalen Vergleich. In: Plasser, Fritz & Peter A. Ulram: Wechselwahlen. Analysen zur Nationalratswahl 2006. Wien: Facultas, S. 255–283.

Plasser, Fritz, Ulram, Peter A. & Seeber, Gilg (2003): Erdrutschwahlen: Momentum, Motive und neue Muster im Wahlverhalten. In: Plasser, Fritz & Ulram, Peter A. (Hg.): Wahlverhalten in Bewegung. Analysen zur Nationalratswahl 2002. Wien: Facultas.

Projektgemeinschaft SORA – ÖIJ – WZW (2005): „Wählen heißt erwachsen werden!" Analyse des Wahlverhaltens 16- bis 18-jähriger Jugendlicher bei den Wiener Landtagswahlen 2005. (http://www.sora.at/images/doku/gesamtbericht_nachwahlanalyse_wiener_jugendlicher.pdf, letzter Zugriff Februar 2008)

Roth, Dieter (1998): Empirische Wahlforschung: Ursprung, Theorien, Instrumente und Methoden. Wiesbaden: VS Verlag für Sozialwissenschaften.

Schmitt, Hermann (2005): The European Parliament Elections of June 2004: Still Second-Order? West European Politics 28, 650–679.

Schmitt-Beck, Rüdiger (2000): Politische Kommunikation und Wählerverhalten. Ein Internationaler Vergleich. Wiesbaden: Westdeutscher Verlag.

Schoen, Harald (2005): Soziologische Ansätze in der empirischen Wahlforschung. In: Falter & Schoen (2005), 135–185.

Schoen, Harald & Weins, Cornelia (2005): Der sozialpsychologische Ansatz zur Erklärung von Wahlverhalten. In: Falter & Schoen (2005), 187–242.

Van der Brug, Wouter, van der Eijk, Cees & Franklin, Mark (2007): The Economy and the Vote: Economic Conditions and Elections in Fifteen Countries. Cambridge: Cambridge University Press.

Van der Eijk, Cees, Schmitt, Hermann & Binder, Tanja (2005): Left-Right Orientations and Party Choice. In: Thomassen, Jacques: The European Voter: A Comparative Study of Modern Democracies. Oxford: Oxford University Press, S. 167–191.

Zaller, John R. (1992): The Nature and Origins of Mass Opinion. Cambridge: Cambridge University Press.

Internetadressen

Deutsche nationale Wahlstudien: http://www.gesis.org/Datenservice/Wahlstudien/Btw

Schweizer nationale Wahlstudien (SELECTS): http://www.selects.ch

European Election Studies: http://www.europeanelectionsstudies.net

European Social Survey: http://www.europeansocialsurvey.org

Weltwertestudie: http://www.worldvaluessurvey.org

EUYOUPART: http://www.sora.at/de/start.asp?b=14

4

Wahlsysteme

Wählerinnen und Wähler geben ihre Stimme ab – in der Schweiz heißt dies in die Urne „einlegen" – und erfahren am Wahlabend vom Ergebnis als Summe der für Parteien/Listen abgegebenen Stimmen. Wie aber wird aus den gezählten Stimmen politische Macht? Welche Verfahren leisten die Umrechnung von Stimmen in Sitze?
Dieses Kapitel beschäftigt sich mit einem spezifischen Aspekt des Wahlrechts, dem Wahlsystem, d. h. dem Mechanismus, mit dem Stimmen rechnerisch in Mandate umgewandelt werden. In den liberalen Wahldemokratien finden wir eine große Vielfalt an Wahlsystemen. Diese reflektieren unterschiedliche normative Überlegungen (z. B. Rolle des WählerInnenwillens) ebenso wie politische Partizipations- und Repräsentationskulturen sowie strategische Interessen der jeweiligen politischen AkteurInnen.
Wir beginnen mit der Darstellung von zwei Grundkonzepten, der Mehrheits- und der Verhältniswahl, und fragen anschließend nach den jeweils zugrunde liegenden Ideen von Repräsentation und Verantwortlichkeit, nach Konsequenzen für das politische System (Parteien und Regierungsformen) und Wahrnehmungen aus der Sicht der WählerInnen. In der konkreten Ausgestaltung eines Wahlsystems spielen vier technische Elemente eine wesentliche Rolle: die Gestaltung der Wahlkreise, die Kandidaturform, die Stimmgebung und die Stimmverrechnung. Unterschiedliche Regelungen resultieren aus den vielfältigen Kombinationen dieser Elemente – mit mehr oder weniger starken Auswirkungen auf Wahlresultate.
Schließlich werfen wir einen Blick auf nach dem Verhältniswahlrecht durchgeführte Parlamentswahlen in Deutschland, Österreich und der Schweiz.

Wahlsysteme – technisch und politisch

Das *Wahlsystem* ist jener Teil des Wahlrechts, der regelt, innerhalb welcher geografischer Einheiten Stimmen in Mandate umgewandelt werden (*Wahlkreis*), in welcher Form Stimmen abzugeben sind (*Kandidaturformen* und *Stimmgebung*) und nach welcher Methode Stimmen gezählt und verrechnet werden (*Stimmverrechnung*). Obwohl damit in erster Linie technisch-prozedurale Regelungen zur Durchführung von Wahlen festgelegt werden, würde eine rein technische Diskussion zu kurz greifen: Die konkrete Ausgestaltung eines Wahlsystems wirkt sich auf Wahlergebnisse aus, sie schafft Gewinner und Verlierer, begünstigt oder benachteiligt kandidierende Parteien, gibt WählerInnen mehr oder weniger Stimme. Weil Wahlsysteme aufgrund bestimmter Machtkonstellationen in gesetzliche Bestimmungen gefasst werden und weil diese wiederum Effekte auf Machtverhältnisse (z. B. auf Wahlchancen, Regierungsformen) zeigen, bedarf es ihrer politischen Analyse.

In der folgenden Diskussion stellen wir Parlamente in den Vordergrund, manche der hier vorgebrachten Argumente gelten in analoger Weise auch für andere demokratisch gewählte Gremien und für Präsidentschaftswahlen.

Repräsentation und Mehrheit

Wahlen in modernen Massendemokratien bestimmen und legitimieren das politische Personal (ParlamentarierInnen und Regierungen), politische Agenden stellvertretend für die BürgerInnen zu übernehmen. Interpretationen dessen, welche politische Agenden zu übernehmen wären und was unter „stellvertretend" genau zu verstehen wäre, können divergent ausfallen. Konzeptionell lassen sich zwei Ideen von Stellvertretung bzw. Repräsentation unterscheiden, die mit zwei Konzeptionen von Wahlsystemen korrespondieren: nämlich mit der Verhältniswahl und der Mehrheitswahl (Powell 2000; Farrell 2001).

Mikrokosmos und Verhältniswahl

Eine idealtypische Vorstellung des Parlaments ist die eines möglichst getreuen soziologischen Abbildes der Bevölkerung, das alle relevanten gesellschaftlichen Gruppierungen und Interessen widerspiegelt. In dieser Konzeption kommt den Abgeordneten die Aufgabe zu, stellvertretend – im Namen der Bevölkerung – *policies* zu verhandeln und über sie zu entscheiden. Die Herausforderung an das Wahlsystem ist es, diesen Mikrokosmos, in dem „faire Repräsentation" realisiert ist, herzustellen. Dieser Herausforderung wird am ehesten entsprochen, wenn im Umrechnungsverfahren jede Stimme die gleiche Chance hat, in Mandate, d. h. in Abgeordnete, übersetzt zu werden.

Auftraggeber, Bevollmächtigter und Mehrheitswahl

Das *Principal-agent*-Modell (Auftraggeber-Bevollmächtigter) basiert auf der Vorstellung der Regierung der Mehrheit (Konkurrenzdemokratie, siehe Kapitel eins). Die idealtypische Aufgabe von Parlamenten liegt folglich darin, Mehrheitsmeinungen und -interessen in *policies* umzusetzen. Die Aufgabe des Wahlrechts ist es erstens, klare Mandatsmehrheiten in Parlamenten zu schaffen, und zweitens, den BürgerInnen das Kontrollinstrument „Wahlen" in die Hand zu geben. Die elektorale Verlinkung zwischen WählerInnen und Gewählten erfolgt, so die Annahme, über Responsivität und Verantwortlichkeit. Eindeutige Parlamentsmehrheiten und Regierungsformen erlauben es den BürgerInnen, die Verantwortung für politische Entscheidungen klar zuzuordnen und die EntscheidungsträgerInnen mittels Wahl zu „sanktionieren".

Mehrheits- und Konsensusdemokratie

Seine vergleichende Studie von 36 langjährigen, liberalen Demokratien beginnt Arend Lijphart (1999) mit der Beschreibung von zwei idealtypischen Modellen, der *Westminster-* oder *Mehrheitsdemokratie* einerseits und der *Konsensusdemokratie* anderseits. Er charakterisiert die beiden Modelle anhand von zehn Hauptmerkmalen, die er, als Indizes operationalisiert, als die „zehn grundlegenden Variablen" für den Vergleich der untersuchten Staaten heranzieht. Tabelle 4.1 zeigt die intensiv mit Wahlsystemen zusammenhängenden Komponenten politischer Systeme und Gesellschaften. Nicht nur, dass die Form der Parteiensysteme vom jeweiligen Wahlsystem abhängt (Zwei- oder Mehrparteiensysteme), auch die Organisation und Repräsentation von Interessen steht damit in Zusammenhang.

Tabelle 4.1: Hauptmerkmale von Westminster- und Konsensusdemokratie

	Westminsterdemokratie	Konsensusdemokratie
1	Konzentration der Exekutivmacht in den Händen einer allein regierenden Mehrheitspartei	Aufteilung der Exekutivmacht auf eine Mehrparteienkoalition
2	Dominanz der Exekutive gegenüber der Legislative	formelles und informelles Gleichgewicht zwischen Exekutive und Legislative
3	Zweiparteiensystem	Vielparteiensystem
4	Mehrheitswahlsystem	Verhältniswahlrecht
5	pluralistisches Interessengruppensystem	koordinierte und korporatistische Interessengruppensysteme
6	unitaristischer und zentralistischer Staat	föderalistischer und dezentraler Staat
7	Parlament mit einer Kammer	Zweikammernsystem
8	Fehlen oder leichte Änderbarkeit einer geschriebenen Verfassung	schwer zu ändernde geschriebene Verfassung
9	Letztentscheidung der Legislative über Verfassungsmäßigkeit der Gesetzgebung	richterliche Nachprüfung der Gesetzgebung
10	von der Exekutive abhängige Zentralbank	autonome Zentralbank

Quelle: Lijphart (1999), Schmidt (2000)

Charakteristikum der Mehrheitsdemokratie ist, dass sie politische Macht konzentriert. Die tendenziell in der Hand einer einzelnen Partei liegende Parlamentsmehrheit stellt die Regierung (Exekutive) und verfügt über weitgehende Definitions- und Entscheidungsmacht bei der Politikgestaltung. Demgegenüber liegt der Kern der Konsensusdemokratie in der Teilung – manche sprechen auch von der Funktion der Zähmung – von Macht; sowohl der Exekutive als auch der Parlamentsmehrheit (Legislative) werden Kontroll- und Ausgleichsmechanismen (*checks and balances*) gegenübergestellt.

Während keine liberale Wahldemokratie exakt einem der beiden Idealtypen zuzuordnen ist, lassen sich doch drei Typen von Demokratien unterscheiden (Schmidt 2000): überwiegend mehrheitsdemokratisch verfasste (wie z. B. Großbritannien), überwiegend konsensusdemokratische (wie die Schweiz) und Mischformen (wie z. B. Deutschland). Ein Blick auf die Wahlsysteme der Mitgliedsstaaten der Europäischen Union zeigt, dass der Großteil Verhältniswahlsysteme praktiziert und damit eher zu den konsensusdemokratischen Typen zu zählen ist. Einzig in Frankreich und in Großbritannien wird das Mehrheitswahlsystem angewandt, die Parlamente der neuen Mitgliedsstaaten werden überwiegend durch kombinierte Systeme gewählt.

Lijphart verwendet quantitative Indizes zur Messung seiner zehn Variablen, zwei davon wollen wir uns näher ansehen. Die dritte Dimension in Tabelle 4.1, der Fragmentierungsgrad des Parteiensystems, lässt sich mit der *effektiven Anzahl der im Parlament vertretenen Parteien* (auch *Laakso-Taagepera-Index* genannt) quantifizieren. Dieser zählt die Parlamentsparteien, wobei er deren relative Größen berücksichtigt. Zur Berechnung werden die Mandatsanteile der Parlamentsparteien zunächst quadriert, und dann wird aus deren Summe der Reziprokwert gebildet. Ein Parteiensystem mit zwei etwa gleich starken Parlamentsparteien würde einen Index von 2 ergeben, ein Zweieinhalbparteiensystem, wo sich die Parlamentssitze im Verhältnis 45 : 40 : 15 aufteilen, wäre durch einen Indexwert von 2,6 charakterisiert.

Die wahlrechtsbedingte Disproportionalität von Stimmen- und Mandatsverteilung kann mit dem *Disproportionalitätsindex von Gallagher* erfasst werden. Dieser bildet die Differenzen der Stimmen- und Mandatsanteile und quadriert diese, deren Summe wird halbiert und davon die Quadratwurzel genommen. Eine vollständige Übereinstimmung von Stimmen- und Mandatsverteilung, also absolute Proportionalität, ergäbe den Wert 0. Je größer der Wert, desto ausgeprägter ist die Disproportionalität. Die aktuellen Werte für Deutschland, Österreich und die Schweiz liegen zwischen 2 und 3, für Großbritannien ist er 16,7.

Über einen Beobachtungszeitraum von 1945 bis 1996 berechnet Lijphart für die 36 analysierten Staaten einen Korrelationskoeffizienten von –0,5, was darauf hinweist, dass eine stärkere Disproportionalität des Wahlrechts tendenziell mit einer kleineren effektiven Zahl der im Parlament vertretenen Parteien einhergeht. Maurice Duverger hat diesen Zusammenhang etwas strenger gefasst: Mehrheitswahlsysteme würden Zweiparteiensysteme begünstigen, Verhältniswahlsysteme hingegen Vielparteiensysteme. Eine Begründung dafür liegt in der „Mechanik" des Wahlsystems: Weil es für kleinere Parteien schwieriger ist, Sitze zu erhalten, sind diese auch mit weniger Mandaten im Parlament vertreten. Eine zweite Begründung verwendet ein psychologisches Argument: WählerInnen erkennen die geringeren Chancen kleiner Parteien, Mandate zu erlangen, deshalb tendieren sie zur Wahl größerer Parteien, um ihre Stimme nicht zu vergeuden. Duverger unterstellt damit einen einseitigen Wirkungszusammenhang, der in der Literatur heftig kritisiert wurde, übersieht er doch die Tatsache, dass Wahlsysteme von herrschenden politischen Eliten eingesetzt werden und damit ein kausaler Zusammenhang in die entgegengesetzte Richtung ebenso besteht.

Technische Elemente

Haben wir bisher versucht, die beiden Idealtypen Mehrheits- und Verhältniswahl politisch zu verorten, kommen wir nun zu den technischen Aspekten, die die konkreten Ausformungen eines Wahlsystems definieren.

Wahlkreise sind die geografischen Einheiten, in denen Mandate zur Verteilung gelangen. Ein wichtiges Charakteristikum eines Wahlkreises ist dessen Größe, damit meint man die Zahl der in ihm zur Verteilung gelangenden Mandate. Grundsätzlich unterscheidet man zwischen Einerwahlkreisen und Mehrpersonenwahlkreisen. Einerwahlkreise lassen nur Formen des Mehrheitswahlrechts zu und bedeuten damit eine Hürde für kleine Parteien, größere Mehrpersonenwahlkreise erleichtern das Erreichen von Proportionalität von Stimmen- und Mandatsverteilung. Die Grenzziehung, also die geografische Verortung, stellt insbesondere bei kleinen Wahlkreisen ein machtpolitisch heikles Problem dar. So lassen sich etwa Wahlkreise derart um parteipolitische Hochburgen anordnen, dass bereits stimmenstarke Parteien möglichst hohen elektoralen Nutzen daraus ziehen können (*gerrymandering*). Andererseits lässt sich durch die Definition von Wahlkreisen auch die Repräsentation ethnischer Minderheiten sicherstellen oder zumindest erleichtern.

Nach der *Kandidaturform* unterscheidet man zwischen Einzelkandidatur und Liste, bei letzterer ist zu differenzieren zwischen starren Listen, lose gebundenen Listen und freien Listen. Listen von KandidatInnen werden von politischen Parteien zusammengestellt und je nachdem, welche Optionen das Wahlsystem den WählerInnen gibt, Einfluss auf die Auswahl der MandatarInnen zu nehmen, wird dadurch mehr oder weniger große Abhängigkeit der Abgeordneten von ihrer Partei hergestellt. Starre Listen ermöglichen nur die Wahl einer Partei, ohne Einfluss auf die Auswahl der Personen nehmen zu können. Lose gebundene Listen sehen die Wahl einer Partei vor, erlauben aber auch die Auswahl von Namen auf der entsprechenden Parteiliste. MandatarInnen erhalten dadurch persönliche Legitimation, die ihnen ein eigenständiges Auftreten gegenüber ihrer Partei erleichtern kann. Freie Listen erlauben den WählerInnen, das politische Personal über Parteigrenzen hinweg auszuwählen.

Lose gebundene und freie Listen ermöglichen mehrere Formen der *Stimmgebung*. WählerInnen können mit einer Stimme Präferenz für eine Kandidatin oder einen Kandidaten zum Ausdruck bringen (Präferenzstimmgebung), mit mehreren Stimmen Präferenzen für KandidatInnen äußern (Mehrstimmgebung), sie können Zweit-, Dritt- usw. -präferenzen angeben (Alternativstimmgebung) oder über eine Stimme für eine Kandidatin / einen Kandidaten und eine zweite Stimme für eine Partei verfügen (Zweistimmensystem). Dies ist noch keine vollständige Liste aller eingesetzten Verfahren, siehe etwa weiter unten die Methoden des Panaschierens und Kumulierens im Schweizer Wahlsystem. Komplexere Verfahren der Stimmgebung verlangen von den WählerInnen nicht nur inhaltliches politisches Wissen, sondern auch ein Mehr an wahltechnischen Kenntnissen.

Stimmverrechnungsverfahren beinhalten die Formeln, mit denen Stimmen in Mandate umgerechnet werden. Sie stellen ein gleichermaßen bedeutendes wie komplexes Element von Wahlsystemen dar. Vorab ist festzuhalten, dass Sperrklauseln Parteien von der Teilnahme an der Mandatsvergabe ausschließen können, in der Regel in Abhängigkeit von der erreichten Stimmzahl.

Mehrheitswahlsysteme treten in zwei Varianten auf, als relatives Mehrheitssystem, in dem die einfache Stimmenmehrheit entscheidet, und als absolutes Mehrheitssystem, das im Falle des Nichterreichens einer absoluten Stimmenmehrheit in den meisten Fällen eine Stichwahl – oft mit eingeschränkter Zahl an BerwerberInnen – vorsieht.

Vielfältiger sind die Stimmverrechnungsverfahren in Verhältniswahlsystemen. Drei „Klassen" von Verfahren kommen häufig zur Anwendung: Höchstzahl- oder Divisorenverfahren, Wahlzahl- oder Quotenverfahren und ein System mathematischer Proportionen.

Die erste Klasse umfasst die Höchstzahl- oder Divisorenverfahren: Hier werden durch Divisorenreihen für jede Partei der Größe nach abnehmende Zahlenreihen erstellt, und die Mandatszuteilung erfolgt über die größten in den Zahlenreihen vorzufindenden Zahlen. Ein Beispiel dafür ist das in Österreich eingesetzte d'Hondt'sche Verfahren, das die Zahlenreihen so bildet, dass die Stimmen einer Partei fortlaufend durch 2, durch 3 usw. dividiert werden. Je nachdem, in welchen Zahlenreihen die größten Zahlen aufscheinen, werden die Mandate an die entsprechenden Parteien vergeben.

Eine zweite Gruppe bilden die Wahlzahl- oder Quotenverfahren, die in einem ersten Schritt eine Wahlzahl bilden und bestimmen, wie oft die Wahlzahl in der Stimmenzahl einer Partei enthalten ist. Die in der Schweiz verwendete Methode von Hagenbach-Bischoff definiert die Wahlzahl als das Verhältnis der abgegebenen gültigen Stimmen zu der um 1 erhöhten Zahl der zu vergebenden Mandate. In der Regel können auf diese Weise nicht alle Mandate verteilt werden, die nicht verteilten Restmandate müssen nach einem anderen Verfahren zugeteilt werden.

Eine dritte Option bietet das System mathematischer Proportionen (Hare/Niemeyer), wie es Deutschland verwendet. Die für die Parteien abgegebenen gültigen Stimmen werden für jede Partei mit der Zahl der zu vergebenden Mandate multipliziert, anschließend wird das Ergebnis durch die Gesamtzahl aller Stimmen dividiert. Den Parteien werden so viele Mandate zugeordnet, wie ganze Zahlen entstehen. Die Restmandate werden nach der Größe der Dezimalstellen vergeben.

Für eine detaillierte Beschreibung verweisen wir auf Dieter Nohlen (2007). Die am Ende dieses Kapitels angeführten Internetangebote der zuständigen Wahlbehörden bieten Dokumente oder Tabellenkalkulationsprogramme, die die Mandatsberechnung im Detail nachvollziehbar machen.

Klassifikationen von Wahlsystemen

Die angeführten technischen Elemente von Wahlsystemen lassen sich vielfach variieren, ergänzen und kombinieren, was sich auch an der großen Zahl der in den demokratischen Staaten praktizierten Regelungen zeigt. Diese Vielfalt macht eine Klassifikation der Wahlsysteme unter Berücksichtigung der konkreten Ausformungen zu einer schwierigen Aufgabe. Die weiter oben angesprochenen Vorstellungen von Repräsentation legen eine Einteilung entlang der zwei Grundtypen Mehrheitswahl und Verhältniswahl nahe. Wenn aber die technischen Elemente der Wahlsysteme als Klassifikationskriterien herangezogen werden, dann sind diese Grundtypen weniger klar voneinander abzugrenzen. So kann etwa in einem konkreten Wahlsystem die Änderung der Größe der Wahlkreise oder einzelner Parameter des Stimmverrechnungsverfahrens (z. B. der Wahlzahl) wesentliche Änderungen der (Dis-)Proportionalität mit sich bringen.

Wir stellen im Folgenden zwei Ansätze einer Systematisierung vor: (i) die vom International Institute for Democracy and Electoral Assistance (IDEA) in Reynolds, Reilly & Ellis (2005) vorgestellte und international häufig verwendete Klassifikation in vier Wahlsystemfamilien und (ii) die durch Differenzierung der Grundtypen Mehrheits- und Verhältniswahl entstehende Typologie von Nohlen (2007). Wir beginnen mit Letzterer – gegliedert nach den beiden Grundtypen.

Mehrheitswahlsysteme nach Nohlen

Relative Mehrheitswahl in Einerwahlkreisen (First Past the Post, FPTP): das klassische System der Mehrheitswahl, wie es in Europa nur bei nationalen Parlamentswahlen in Großbritannien angewandt wird. Außerhalb Europas ist es eine der am häufigsten verwendeten Methoden, u.a. in nord- und südamerikanischen Staaten, in Indien und in etlichen Staaten in der Karibik und in Afrika. Dieses System begünstigt die Partei mit den meisten Stimmen und führt damit zu starken Disproportionalitätseffekten. Relative Mehrheitswahl in Mehrpersonenwahlkreisen und die relative Mehrheitswahl in gemischten (Einer- und Mehrpersonen-)Wahlkreisen gelten als Varianten dieses Systems.

Absolute Mehrheitswahl in Einerwahlkreisen (Two-Round System, TRS): Erreicht keine Kandidatin / kein Kandidat mehr als die Hälfte der gültigen Stimmen, findet ein zweiter Wahlgang statt, bei dem die relative Mehrheit genügt, oder eine Stichwahl zwischen den beiden stimmenstärksten KandidatInnen entscheidet. Frankreich ist der einzige europäische Staat mit absoluter Mehrheitswahl. Auch dieses System begünstigt die Partei oder das Parteienbündnis mit den meisten Stimmen. Eine bemerkenswerte Variante stellt das in Australien praktizierte System der *alternative vote* dar, bei dem ein zweiter Wahlgang durch Berücksichtigung von Zweit- und Drittpräferenzen nicht mehr notwendig ist.

Mehrheitswahl mit Minderheitenvertretung: In Mehrpersonenwahlkreisen verfügen die WählerInnen über weniger Stimmen, als im Wahlkreis Mandate zu vergeben sind, gewählt sind die KandidatInnen mit den relativ größten Stimmanteilen. Dadurch lässt sich Repräsentation von Minderheiten sicherstellen, ohne aber die proportionale Vertretung eines Verhältniswahlsystems zu erreichen. Das in Japan eingesetzte Verfahren der *single non-transferable vote (SNTV)*, bei dem WählerInnen in Viererwahlkreisen jeweils eine Stimme besitzen, ist eine Variante dieses Systems.

Verhältniswahl in kleinen Wahlkreisen bis zu fünf Mandaten. In kleinen Wahlkreisen ist Proportionalität trotz der Anwendung von Verrechnungsverfahren der Verhältniswahl schon aus mathematischen Gründen schwer zu erreichen. Die Effekte dieses Systems können unterschiedlich ausfallen: Sind alle Wahlkreise entweder Dreier- oder Fünferwahlkreise oder sind die Größen der Wahlkreise unterschiedlich, dann wirkt dieses System mehrheitsbildend. Zweierwahlkreissysteme hingegen bevorzugen die zweitstärkste Partei – und gehören damit nicht zu den Mehrheitswahlsystemen. (Vergleiche dazu die Diskussion der Schweizer Nationalratswahl weiter unten.)

Mehrheitswahl mit proportionaler Zusatzliste: Nach diesem System wird ein Großteil der Mandate in Einerwahlkreisen und darüber hinaus eine bestimmte Anzahl von Zusatzmandaten über Parteilisten und nach einem Verfahren der Verhältniswahl vergeben. Diese Methode kann die Repräsentation von Minderheiten erleichtern. Der (relativen) Unabhängigkeit der in den Einerwahlkreisen gewählten KandidatInnen steht eine Stärkung der Parteien durch die Parteilisten gegenüber.

Verhältniswahlsysteme nach Nohlen

Verhältniswahl in Mehrpersonenwahlkreisen: In Mehrpersonenwahlkreisen unterschiedlicher Größen werden nach einem proportionalen Verfahren Mandate vergeben. In Abhängigkeit von der Größe der Wahlkreise kann dieses System insgesamt, d.h. auf nationaler Ebene, beachtliche Disproportionalitäten hervorbringen. Spanien und Portugal verwenden diese Methode.

Personalisierte Verhältniswahl mit Sperrklausel: Dieses System kombiniert das Prinzip der Mehrheitswahl mit jenem der Verhältniswahl: Eine bestimmte Anzahl von Direktmandaten wird nach der Mehrheit der Stimmen in Einerwahlkreisen vergeben; die Zahl der einer Partei insgesamt zustehenden Mandate wird nach dem proportionalen Stimmenanteil auf nationaler Ebene bestimmt. An der Verteilung der Mandate nehmen nur jene Parteien teil, die Sperrklauseln, wie eine Mindestanzahl von Direktmandaten und/oder einen Mindestanteil von Stimmen auf nationaler Ebene, überschreiten. In Europa verwenden Deutschland und Ungarn dieses System, wobei die Vergabe der Direktmandate jeweils unterschiedlich geregelt ist. Neuseeland wechselte 1996 von der Mehrheitswahl (FPTP) zu diesem kombinierten System.

Kompensatorische Verhältniswahl mit Sperrklausel: In einer ersten Stufe der Stimmverrechnung wird eine gewisse Zahl von Mandaten in Einerwahlkreisen nach absoluter Stimmenmehrheit vergeben. In weiteren Stufen wird die aus der ersten Stufe resultierende Disproportionalität durch die Vergabe von Listenmandaten zumindest annähernd kompensiert. Dies bedeutet, dass die in den Einerwahlkreisen erfolgreichen größeren Parteien in den weiteren Stufen des Verfahrens benachteiligt werden. Sperrklauseln können den Mandatserwerb für sehr kleine Parteien erschweren oder unmöglich machen. Italien ist ein Beispiel für ein europäisches Land, das sein Parlament nach dieser kombinierten Methode wählt.

Übertragbare Einzelstimmgebung (single transferable vote, STV): Dieses ausschließlich in Europa, nämlich in Irland, Malta und nur einmal 1990 in Estland eingesetzte System, erlaubt WählerInnen in Mehrpersonenwahlkreisen KandidatInnen unabhängig von deren Parteizugehörigkeit zu reihen. Die Verteilung der Mandate geschieht in mehreren Schritten: Im ersten erhalten alle KandidatInnen, deren Anzahl erster Positionen eine bestimmte Zahl (in der Regel Droop Quota) überschreitet, ein Mandat zugeteilt. In der Folge werden sukzessive die „überzähligen" Stimmen der gewählten KandidatInnen und die der eliminierten, weil am wenigsten erfolgreichen KandidatInnen auf die jeweils zweiten Präferenzen verteilt. Dieser Prozess wird so lange fortgesetzt, bis alle Mandate vergeben sind. STV liefert einen hohen Grad an Proportionalität.

Reine Verhältniswahl: Darunter fallen Wahlsysteme, die durch Vermeidung von oder mit extrem niedrigen Hürden (wenige und große Wahlkreise, keine oder sehr niedrige Sperrklauseln) ein hohes Maß an Proportionalität von Stimmen und Mandaten erreichen. Typischerweise bildet das gesamte Staatsgebiet einen Wahlkreis, oder die Vergabe der Mandate erfolgt in einem mehrstufigen Verfahren, wobei die Verfahren auf höherer Wahlkreisebene Disproportionalitäten auf niedrigerer Ebene ausgleichen.

Die Wahlen zum *Europäischen Parlament* erfolgen nach jeweils nationalem Wahlrecht. Seit 1999 kommen ausschließlich Formen des Verhältniswahlrechts zu Anwendung.

Durch Kombinationen von Elementen der Stimmverrechnung können Wahlsysteme entstehen, die weder dem Repräsentationsprinzip der Mehrheitswahl noch jenem der Verhältniswahl eindeutig zugeordnet werden können. Ein Beispiel dafür sind die von Nohlen (2007) sogenannten *segmentierten Wahlsysteme (parallel systems)*, bei denen in getrennten Verfahren ein Teil der Abgeordneten über ein Mehrheitswahlsystem, der andere Teil über ein Verhältniswahlsystem gewählt wird. Das Gesamtwahlergebnis entsteht durch Addition der Teilwahlergebnisse, insbesondere ohne Proportionalitätskorrekturen. Welchem Repräsentationsprinzip das Wahlsystem zuzuordnen ist, hängt von der relativen Gewichtung der beiden Komponenten ab.

Knappe relative Mehrheiten in den Parlamenten und Schwierigkeiten bei der Bildung stabiler Regierungskoalitionen lassen in europäischen Ländern Stimmen nach einer Reform von Verhältniswahlsystemen lauter werden. In Österreich schlägt Klaus Poier (2001) ein sogenanntes *minderheitenfreundliches Mehrheitswahlrecht* vor: Die Partei, die die relative Mehrheit an Stimmen erzielt, erhält die um eins erhöhte Hälfte der Mandate, alle übrigen Mandate werden unter Anwendung einer Sperrklausel nach dem Stimmenverhältnis auf die anderen Parteien verteilt.

Wahlsystemfamilien nach IDEA

Reynolds, Reilly & Ellis (2005) legten eine Klassifikation von Wahlsystemen vor, die sich an teilweise anderen Kriterien orientiert und die Grundtypen unterschiedlich stark ausdifferenziert. Dieser Ansatz der Wahlsystemfamilien wird für international vergleichende Studien häufig herangezogen, gleichzeitig aber auch kritisiert (vergleiche Nohlen 2007: 181 f.). Die Autoren unterscheiden vier Familien von Wahlsystemen: (i) Pluralität- und Majorzsysteme, (ii) gemischte Systeme, (iii) proportionale Repräsentation und (iv) andere Systeme als Restkategorie.

Pluralität- und Majorzsysteme werden in fünf Systemtypen eingeteilt: (a) *FPTP*, d.h. in der Terminologie von Nohlen die relative Mehrheitswahl in Einerwahlkreisen, wird in einem knappen Drittel aller langjährigen Demokratien und etwa einem Achtel der neuen (d.h. mindestens zehn Jahre bestehenden) Demokratien eingesetzt. FPTP ist damit die häufigste Form dieser Systemfamilie. (b) Bei der relativen Mehrheitswahl in Mehrpersonenwahlkreisen, *block vote* genannt, erhalten die KandidatInnen mit den meisten Stimmen die Mandate. Dieses System wird in einem knappen Achtel aller langjährigen und in keiner der neuen Demokratien angewandt. (c) Als eigenes System wird die *party block vote* angeführt. WählerInnen besitzen dabei eine Stimme und wählen in Mehrpersonenwahlkreisen eine Parteiliste. Dieses System gelangt nur in autoritären bzw. totalitären Staaten zum Einsatz. Formen absoluter Mehrheitswahl werden in zwei Ausprägungen, (d) *Two-Round* (in drei von 68 langjährigen und zwei von 31 neuen Demokratien) und (e) *Alternative Vote* (in zwei langjährigen Demokratien), praktiziert – siehe dazu die Ausführungen weiter oben.

Die Familie der *mixed systems* (der gemischten Systeme) umfasst mit den *mixed member proportional systems (MMP)* die personalisierte Verhältniswahl und mit den *parallel systems* die segmentierten Wahlsysteme. Nach Reynolds, Reilly & Ellis (2005) wird MMP in vier langjährigen und in einer neuen Demokratie verwendet, parallele Systeme in zwei langjährigen und in fünf neuen Demokratien.

Proportionale Repräsentation mit den beiden Systemen *List PR* (der Verhältniswahl nach Listen) und *Single Transferable Vote, STV* (dem System der übertragbaren Einzelstimmgebung), stellt zusammen mit den Pluralität- und Majorzsystemen die am häufigsten vorzufindende Systemfamilie dar: Etwas weniger als ein Drittel der langjährigen Demokratien und über 60 Prozent der neuen Demokratien verwenden List PR, STV kommt nur in zwei langjährigen europäischen Demokratien zum Einsatz.

Unter der Familie der *übrigen Systeme* werden drei Wahlsysteme subsumiert. Nach *single non-transferable vote, SNTV* (dem System der nicht übertragbaren Einzelstimmgebung), dem *modified Borda count* (einem System ähnlich der alternative vote) und der *limited vote* (Mehrheitswahl mit Minderheitenvertretung) wird in insgesamt vier langjährigen Demokratien gewählt.

Anforderungen an Wahlsysteme

Aus einer demokratiepolitischen Perspektive werden in der Literatur einige normative Kriterien an Wahlsysteme formuliert. Nohlen (2007: 169 ff.) führt drei Kernfunktionen und zwei weitere Anforderungen an, die die internationale Wahlsystemdebatte begleiten:

Repräsentation als faire Vertretung aller relevanten gesellschaftlichen Gruppierungen in den Parlamenten. Diese Forderung schließt Minderheiten ebenso ein wie – die in den meisten Fällen die Mehrheit der Wahlberechtigten bildenden – Frauen. Große Diskrepanzen zwischen Stimmen- und Mandatsanteilen gelten als problematisch.

Konzentration: Abstrakt gesprochen dienen Wahlen der Aggregation heterogener individueller Präferenzen. Politischen Parteien kommt dabei die Aufgabe der Bündelung von Meinungen und Interessen zu. Wenn Wahlen Volksvertretungen schaffen, die die Zahl der vertretenen Parteien relativ klein halten und stabile parteiliche oder Koalitionsmehrheiten ermöglichen, wird die Effizienz von Parlamenten und Regierungen erhöht.

Partizipation im (engeren) Sinne von Möglichkeiten für die WählerInnen, ihren politischen Willen differenziert zum Ausdruck zu bringen, etwa durch offene Listen oder durch Vorzugsstimmen.

Einfachheit des Wahlsystems, die es WählerInnen erlaubt, den Wahlprozess nachzuvollziehen.

Legitimität als allgemeine Akzeptanz des Wahlergebnisses und des Wahlsystems – und zwar sowohl durch die politischen Eliten als auch die BürgerInnen.

Im Folgenden betrachten wir drei spezifische Ausprägungen von Verhältniswahlsystemen, nämlich jene von Deutschland, Österreich und der Schweiz, und interessieren uns insbesondere für eine „faire Repräsentation" der Stimmen in den direkt gewählten parlamentarischen Vertretungseinrichtungen.

Bundestagswahlen in Deutschland

Der Deutsche Bundestag wird nach einem „mit der Personenwahl verbundenen Verhältniswahlrecht" gewählt. Es ist dies eine Kombination von Mehrheits- und Verhältniswahl, in der jede Bürgerin / jeder Bürger über zwei Stimmen verfügt.

Das Gebiet der Bundesrepublik wird in 299 Wahlkreise eingeteilt, die die Landesgrenzen nicht überschreiten dürfen und deren Bevölkerungen annähernd gleich groß sein müssen. In diesen Wahlkreisen wird mit der Erststimme mit relativer Mehrheit der/die Wahlkreisabgeordnete aus dem Kreiswahlvorschlag gewählt (Direktmandate). Die Zweitstimme entscheidet darüber, wie viele MandatarInnen eine Partei insgesamt in den 598 Sitze umfassenden Bundestag entsendet. An diesem Verfahren nehmen – mit Ausnahme von Parteien nationaler Minderheiten – nur jene Parteien teil, die im Bundesgebiet mindestens fünf Prozent der Zweitstimmen oder mindestens drei Direktmandate erreicht haben (Sperrklausel). Nach dem Verrechnungsverfahren von Hare/Niemeyer werden zuerst diese Gesamtmandatszahlen bestimmt und diese in einem zweiten Schritt nach demselben Verrechnungsverfahren auf die Bundesländer verteilt. Nachdem die Zahl der Mandate in den Bundesländern feststeht, werden die von den Parteien erworbenen Direktmandate davon abgezogen und die verbleibenden Mandate über die Landeslisten vergeben.

Das Zwei-Stimmen-System erlaubt den WählerInnen, die Stimmen unterschiedlichen Parteien zu geben (Stimmen-Splitting). Rechnerisch kann dies dazu führen, dass eine Partei in einem Land über die Zweitstimmen weniger Mandate zugeordnet bekommt als sie Direktmandate erreicht. Diese Überhangmandate bleiben den Parteien erhalten und führen zur Vergrößerung des Bundestages. Tabelle 4.2 zeigt dies am Beispiel der Bundestagswahl 2005, bei der nur die beiden großen Parteien insgesamt 16 Überhangmandate erringen konnten, die kleinen Parteien konnten über die Erststimmen keine Überhangmandate lukrieren.

Tabelle 4.2: Bundestagswahl 2005, Mandatsverteilung nach Zweitstimmen und inklusive Überhangmandaten

	SPD	CDU	CSU	GRÜNE	FDP	Die Linke	Summe
Sitze nach Zweitstimmen	213	173	46	51	61	54	598
Wahlkreis- und Landeslistensitze	222	180	46	51	61	54	614
Überhangmandate	9	7	0	0	0	0	16

Quelle: Bundeswahlleiter

Tabelle 4.3: Stimmen- und Mandatsverteilung Deutsche Bundestagswahl 2005

Partei	Stimmen	Mandate	Frauenanteil
SPD	34,2	36,2	36,0
CDU	27,8	29,3	} 19,9
CSU	7,4	7,5	
Bündnis90/Grüne	8,1	8,3	59,6
FDP	9,8	9,9	24,6
Linke	8,7	8,8	46,3
Gesamt	96,1	100,0	31,6

Angaben in Prozent, Listen ohne Mandatsgewinn sind nicht angeführt.
Gallagher Disproportionalitätsindex: 2,16
Effektive Anzahl der Parteien: 4,0 (Fraktionen: 3,8)
Quelle: Der Bundeswahlleiter, eigene Berechnungen

Das in Deutschland praktizierte gemischte Wahlsystem gewährleistet ein hohes Maß an Proportionalität (siehe Tabelle 4.3), das durch ein starkes Element der Personalisierung (Erststimme) ergänzt wird. Ein markantes Beispiel für einen auf eine Persönlichkeit zurückgehenden Wahlerfolg ist das Ergebnis in einem Berliner Wahlkreis, in dem die Grünen mit klarer relativer Mehrheit ein Direktmandat erreichten, die SPD ebenso klar die Mehrheit der Zweitstimmen erhielt (vgl. Tabelle 4.4). In den Bundestag direkt gewählt wurde Hans-Christian Ströbele, Bündnis 90/Die Grünen.

Tabelle 4.4: Bundestagswahl 2005, Stimmen im Wahlkreis Berlin-Friedrichshain – Kreuzberg – Prenzlauer Berg Ost

	Erststimmen		Zweitstimmen	
	Stimmen	Prozent	Stimmen	Prozent
SPD	33 562	20,7	60 421	37,3
CDU	18 300	11,3	17 899	11,3
GRÜNE	69 988	43,3	35 410	21,8
FDP	4326	2,67	7402	4,6
Die Linke	29 145	18,0	33 711	20,8

Quelle: Der Bundeswahlleiter

Nationalratswahlen in Österreich

Die österreichische Bundesverfassung schreibt für die direkt gewählte Kammer des Parlaments, den 183 Sitze umfassenden *Nationalrat*, ein Verhältniswahlrecht vor, dessen konkrete Ausformung in der nicht im Verfassungsrang stehenden Nationalratswahlordnung geregelt ist.

Jedes der neun Bundesländer bildet einen Wahlkreis, der wiederum in Regionalwahlkreise eingeteilt ist. Die Zahl der in einem Wahlkreis maximal zu vergebenden Mandate entspricht annähernd dem Anteil der in diesem Wahlkreis lebenden österreichischen StaatsbürgerInnen. Die wahlwerbenden Parteien erstellen Listen auf der Ebene der Regional- und Landeswahlkreise sowie des gesamten Bundesgebietes. Der amtliche Stimmzettel enthält eine Liste der im Wahlkreis kandidierenden Parteien und sieht die Möglichkeit vor, den Namen eines Kandidaten / einer Kandidatin auf der Landesliste der gewählten Partei anzuführen (Vorzugsstimme).

Die Vergabe der Mandate erfolgt in drei Schritten: Im ersten Ermittlungsverfahren erhält jede Partei in jedem Regionalwahlkreis so viele Mandate aus der Regionalliste, wie die Wahlzahl in ihrer Stimmenzahl enthalten ist. Die Wahlzahl berechnet sich aus dem Verhältnis der Zahl der im Wahlkreis abgegebenen Stimmen und der im Wahlkreis zu vergebenden Mandate. Nur jene Parteien, die im ersten Ermittlungsverfahren ein Mandat oder im gesamten Bundesgebiet mindestens vier Prozent der gültigen Stimmen erhalten, nehmen an den weiteren Ermittlungsverfahren teil (Sperrklausel). Im zweiten Ermittlungsverfahren auf Wahlkreisebene erhält jede Partei so viele Mandate aus der Landesliste, wie die Wahlzahl in ihrer Stimmenzahl enthalten ist. Dabei werden KandidatInnen mit einer bestimmten Zahl an Vorzugsstimmen vorrangig berücksichtigt. Nicht alle 183 Mandate können in den ersten beiden Schritten zugeteilt werden, die verbleibenden Restmandate kommen im dritten Ermittlungsverfahren zur Verteilung. In diesem wird aus dem Gesamtwahlergebnis für jede Partei die Gesamtzahl der Mandate nach dem Verfahren von d'Hondt bestimmt, die Differenz aus Gesamtzahl und bereits verteilten Mandaten kommt über die Bundesliste zur Verteilung.

Dieses Verfahren gewährleistet ein hohes Maß an Proportionalität im Nationalrat bei gleichzeitiger Sicherstellung eines gewissen Maßes an regionaler Ausgeglichenheit. Das System der Vorzugsstimmen stellt ein schwaches Element der Personalisierung des Wahlrechts dar.

Tabelle 4.5: Stimmen- und Mandatsverteilung Österreichische Nationalratswahl 2006

Partei	Stimmen	Mandate	Frauenanteil
SPÖ	35,3	37,2	35,3
ÖVP	34,3	36,1	27,3
Grüne	11,0	11,5	57,1
FPÖ	11,0	11,5	9,5
BZÖ	4,1	3,8	14,3
Gesamt	95,9	100,0	31,1

Angaben in Prozent, Listen ohne Mandatsgewinn sind nicht angeführt.
Gallagher Disproportionalitätsindex: 2,80, effektive Anzahl der Parteien: 3,4
Quelle: Bundesministerium für Inneres, eigene Berechnungen

National- und Ständeratswahlen in der Schweiz

Die zwei gleichwertigen Kammern des Schweizer Parlaments werden direkt gewählt, der 200 Sitze umfassende *Nationalrat* nach Bundesrecht, die 46 Mitglieder (je zwei für jeden Kanton und je eines für die Halbkantone) des *Ständerates* nach kantonalen Rechtsvorschriften.

Für die Wahl zum Nationalrat bilden die 26 Kantone und Halbkantone Wahlkreise, die Zahl der darin zu vergebenden Mandate muss proportional zur Bevölkerungszahl sein, mindestens aber eins betragen. Wahlkreise, die mehr als ein Mandat zu vergeben haben, wählen nach einem Verhältniswahlrecht, allerdings gelten 19 Wahlkreise mit weniger als zehn zu vergebenden Mandaten als zu klein für ein effektives Verhältniswahlrecht. Ein proportionaler Ausgleich auf Bundesebene erfolgt nicht.

Die wahlwerbenden Parteien legen in einem Wahlkreis mit Verhältniswahl Listen mit höchstens so vielen KandidatInnen vor, wie Mandate zu vergeben sind. Zudem gibt es eine leere Liste. Die WählerInnen entscheiden sich für eine Liste, die unverändert in die Urne „eingelegt" werden kann. In diesem Fall erhält die Partei so viele Stimmen wie KandidatInnen auf der Liste angeführt sind (*Parteistimmen*) und jede Kandidatin / jeder Kandidat eine *Kandidatenstimme*. Es sind aber auch handschriftliche Änderungen zulässig: (i) Streichung von Namen, wodurch Kandidatenstimmen verloren gehen, die Zahl der Parteistimmen aber unverändert bleibt (die gestrichenen Namen gelten für die Partei als *Zusatzstimmen*); (ii) Kumulieren von Namen, d. h., ein oder mehrere Namen dürfen ein zweites Mal auf die Liste geschrieben werden, die doppelt angeführten Namen erhalten zwei Kandidatenstimmen, die Partei die Summe der Kandidatenstimmen, (iii) eine oder mehrere Personen einer anderen Liste werden eingetragen (Panaschieren), jeder angeführte Name erhält eine Kandidatenstimme, jede Partei die Summe der der Partei zugehörigen Namen. Von sämtlichen Änderungsmöglichkeiten kann gleichzeitig und mehrfach Gebrauch gemacht werden, in jedem Fall darf die Länge der Liste die Zahl der zu vergebenden Mandate nicht überschreiten, was wiederum Streichungen notwendig machen kann.

Anhand der Parteistimmen werden die Mandate nach dem Hagenbach-Bischoff-Verfahren auf die Listen bzw. Listenverbindungen aufgeteilt. Es begünstigt große Parteien in der Vergabe der Restmandate, ein Effekt, der durch Listenverbindungen abgemildert werden kann. Die Mandate einer Liste/Listenverbindung werden den Personen mit den meisten Kandidatenstimmen zugesprochen. Die sechs Kantone mit nur einem Nationalratssitz wählen nach Mehrheitswahlverfahren.

Tabelle 4.6: Stimmen- und Mandatsverteilung Schweizer Nationalratswahl 2007

Partei	Stimmen	Mandate	Frauenanteil
FDP	15,8	15,5	19,4
CVP	14,5	15,5	38,7
SPS	19,5	21,5	41,9
SVP	28,9	31,0	12,9
LPS	1,9	2,0	50,0
EVP	2,4	1,0	0,0
CSP	0,4	0,5	0,0
GLP	1,4	1,5	66,7
PdA	0,7	0,5	100,0
GPS	9,6	10,0	50,0
EDU	1,3	0,5	0,0
Lega	0,6	0,5	0,0
Gesamt	97,0	100,0	20,5

Angaben in Prozent, Listen ohne Mandatsgewinn sind nicht angeführt.
Gallagher Disproportionalitätsindex: 2,48, effektive Anzahl der Parteien: 5,0
Quelle: Bundesamt für Statistik, eigene Berechnungen

Die 46 Mitglieder (je zwei für jeden Kanton, je eines für jeden Halbkanton) des Ständerates werden zumeist gleichzeitig mit dem Nationalrat nach kantonalem Recht gewählt. Es kommen sowohl Verfahren der Mehrheits- als auch der Verhältniswahl zur Anwendung.

Literatur

Balinski, Michael L. & Young, H. Peyton (2001): Fair Representation. Second Edition. Washington, DC: Brookings Institution.

Cox, Gary W. (1997): Making Votes Count: Strategic Coordination in the World's Electoral Systems. Cambridge: Cambridge University Press.

Farrell, David M. (2001): Electoral Systems: A Comparative Introduction. Houndmills: Palgrave.

Katz, Richard S. (1997): Democracy and Elections. Oxford: Oxford University Press.

Lijphart, Arend (1999): Patterns of Democracy. Government Forms and Performance in Thirty-Six Countries. New Haven, CT: Yale University Press.

Lutz, Georg & Selb, Peter (2006): Die nationalen Wahlen in der Schweiz. In: Klöti, Ulrich u. a. (Hg.): Handbuch der Schweizer Politik. 4. Auflage. Zürich: Verlag Neue Zürcher Zeitung, S. 427–487.

Nohlen, Dieter (2007): Wahlrecht und Parteiensystem. 5. Auflage. Stuttgart: Verlag Barbara Budrich.

Poier, Klaus (2001): Minderheitenfreundliches Mehrheitswahlrecht. Rechts- und politikwissenschaftliche Überlegungen zu Fragen des Wahlrechts und der Wahlsystematik. Wien: Böhlau.

Powell, G. Bingham, Jr. (2000): Elections as Instruments of Democracy: Majoritarian and Proportional Visions. New Haven, CT: Yale University Press.

Reynolds, Andrew, Reilly, Ben & Ellis, Andrew (2005): Electoral System Design. The New International IDEA Handbook. Stockholm: International IDEA.

Schmidt, Manfred G. (2000): Demokratietheorien. 3. Auflage. Opladen: Leske + Budrich.

Schoen, Harald (2005): Wahlsystemforschung. In: Falter, Jürgen W. & Schoen, Harald (Hg.): Handbuch Wahlforschung. Wiesbaden: VS Verlag für Sozialwissenschaften, S. 573–607.

Internetadressen

International Foundation for Election Systems (IFES): http://www.ifes.org

IFES Election Guide: http://www.electionguide.org

The Electoral Knowledge Network: http://www.aceproject.org

International Institute for Democracy and Electoral Assistance (IDEA): http://www.idea.int

Election World in Wikipedia: http://en.wikipedia.org/wiki/User:Electionworld/ElectionWorld

Deutschland: Bundestag: http://www.bundestag.de,
Der Bundeswahlleiter: http://www.bundeswahlleiter.de

Österreich: Parlament: http://www.parlinkom.gv.at,
Bundesministerium für Inneres: http://www.bmi.gv.at

Schweiz: Parlament: http://www.parlament.ch,
Bundesamt für Statistik: http://www.bfs.admin.ch/bfs/portal/de/index/themen/17.html

5 Abstimmen

Abstimmen und nicht Wählen stand an der Wiege der (direkten) Demokratie. Dabei handelte es sich nicht um Staaten oder Länder, sondern um Städte (Athen) mit relativ wenigen Menschen und stark eingeschränkten Beteiligungsrechten. Demokratie war Versammlungsdemokratie in zahlenmäßig kleinen und kleinräumigen Einheiten. In den modernen Territorialstaaten mit großen Bevölkerungen hat Demokratie die Gestalt von Repräsentativverfassungen angenommen. Wählen ist die dominierende Beteiligungsform an der Politik, Abstimmungsmöglichkeiten und -prozeduren komplettieren in den meisten Staaten lediglich die Repräsentativeinrichtungen. Die große Ausnahme von diesem Muster ist das politische System der Schweiz, in dem direktdemokratische und repräsentative Instrumente und Institutionen sowohl zeitlich als auch strukturell parallel bestehen und interagieren.

In der Demokratietheorie wird derzeit die dritte Transformationsphase, der Übergang von nationalen zu transnationalen Formen diskutiert (als erste Phase gilt der Übergang von autoritären zu demokratischen Formen, als zweite jene von der direkten zur indirekten Demokratie). Die theoretische wie praktische Herausforderung besteht darin zu zeigen, wie jenseits des Nationalstaates Beteiligung und Repräsentation in trans- bzw. supranationalen politischen Gebilden organisierbar sind? Durch welche Formen und Praxen der „WählerInnenwille", die Meinungen und Interessen der Bevölkerung Eingang in den politischen Prozess finden? Interessant ist zu beobachten, dass in dieser Etappe der transnationalen Transformation empirisch Abstimmungen – Referenden – wieder an Relevanz gewinnen.

Im Folgenden behandeln wir im Kontext der Europäischen Union zwei im Hinblick auf die praktische bzw. diskursive Beteiligung der Bevölkerung äußerst konträre Abstimmungsfelder. Wir diskutieren erstens nationale Referenden in Bezug auf die EU, ihre zunehmende Bedeutung, wenn auch nicht zuletzt aufgrund der weitgehenden Abwesenheit von direkten Wahlen zur Bestimmung repräsentativer EntscheidungsträgerInnen. Wir widmen uns zweitens der Abstimmungsmacht von Staaten bzw. exemplarisch den hochkomplexen

Abstimmungsregeln im Europäischen Rat. Dieses Regelwerk will bzw. muss einerseits die gesellschaftliche wie politische Komplexität der Mitgliedsstaaten berücksichtigen, gleichzeitig sollte es Repräsentation der Bevölkerung widerspiegeln. Das politische System der EU ist nur teilweise durch Wahlen legitimiert, der Entscheidungsprozess kommt über Abstimmungsregeln und -gewichte, die sowohl die Anzahl der Mitgliedsstaaten als auch die Größe der Bevölkerung miteinbeziehen (sollen), zustande. Zwei Prinzipien konkurrieren: der demokratische Grundsatz „one person / one vote" mit dem Grundsatz staatlicher Souveränität „one state / one vote". Wohin geht die europäische Reise – in Richtung adäquaterer Repräsentation der Staaten oder doch der Bevölkerungen?

Abstimmen

In der attischen Demokratie, der Idealreferenz vieler Demokratiedebatten, wurde abgestimmt. Die Vollversammlung beschloss die Gesetze, die männlichen, mit Stimmrecht ausgestatteten teilnehmenden Vollbürger wurden durch das Los ausgewählt. Dieser Auswahlmodus bringt das Misstrauen gegenüber Eliten zum Ausdruck und sollte die Macht zähmen; er setzte aber gleichzeitig die Annahme voraus, dass alle Vollbürger als ausreichend qualifiziert galten, in Angelegenheiten des Gemeinwesens zu entscheiden. Mit anderen Worten: Das Los bedingte die Idee der Egalität. Politisch zu entscheiden waren die Kriterien, die den Bürger zum Vollbürger machten. An diesem Punkt wird deutlich, dass Wählen und Abstimmen demokratietheoretisch substantiell ähnlich sind – beide Formen setzen Bestimmungen und Regeln voraus, auf deren Grundlage erst Entscheidungen getroffen und akzeptiert werden.

Und doch liegt ein wesensmäßiger Unterschied zwischen Wählen und Abstimmen vor. Kennzeichen von Wählen bzw. Wahlen ist, dass es sich um eine politische Teilhabeform handelt, bei der Personen/Parteien ausgewählt werden, die stellvertretend, repräsentativ entscheiden. „Wahlen setzen keine Programme in Kraft, sondern sie entscheiden, wer das tun wird. Wahlen entscheiden keine Sachprobleme, sondern sie entscheiden, wer sie entscheidet" (Sartori 1997: 119). Das konstitutive Merkmal von Abstimmen hingegen ist, dass Bürger und Bürgerinnen über Sachprobleme entscheiden. Bei Abstimmungen, d. h. bei Referenden, ist die Bevölkerung direkt in Gesetzgebungsprozesse involviert.

Abstimmungen sind in den westlichen Demokratien eher die Ausnahme als die Regel unter den Entscheidungsformen. In der akademischen Literatur wird darauf verwiesen, dass repräsentative Organe und Einrichtungen durch Referenden und Volksbegehren (Initiativen) ergänzt werden, dass jedoch der Stellenwert der repräsentativen Entscheidungsformen sowohl zeitlich als auch thematisch ein höherer ist. Mit politischen Rechten ausgestattete Menschen wählen ihre VertreterInnen, sie stimmen nur in Ausnahmefällen direkt ab. Diese Funktion erfüllen die sich an Wahlen beteiligenden politischen Parteien und Listen.

Referendum

Das direkte Abstimmungsinstrument der BürgerInnen ist das Referendum. Je nach Partizipationskultur, parteienstaatlicher Ausformung des politischen Systems und Verfassungstradition erfüllt es unterschiedliche Aufgaben. Wir unterscheiden folglich:

- Obligatorische und fakultative Referenden: In manchen politischen Systemen sind Referenden verfassungsmäßig bei bestimmten Themen verpflichtend durchzuführen (z. B. in Irland und in Dänemark in Angelegenheiten des europäischen Integrationsprozesses), bei anderen Themen sind sie als Möglichkeit der Mitwirkung der Bevölkerung in der Gesetzgebung vorgesehen.
- Referenden, die (auch) von der Bevölkerung initiiert werden können oder die ausschließlich von der Legislative angestoßen werden. In wenigen Ländern können nationale Referenden von der Bevölkerung (z. B. in der Schweiz) und in anderen nur von der Parlamentsmehrheit (z. B. in Österreich) initiiert werden. Von diesen Regelungen hängt es ab, ob Referenden als Mittel der direkten Mitwirkung in Entscheidungsprozessen die repräsentative Demokratie nur ergänzen oder ob die repräsentative und die plebiszitäre Komponente gleichwertig zu sehen sind; ob sie eine die Entscheidungen eher kontrollierende oder stimulierende Wirkung haben (Setäla 2006: 14).

Wie oben angedeutet, kommen Referenden und Initiativen in den politischen Systemen unterschiedliche Funktionen zu. Wobei bei Initiativen insbesondere das Moment des Agenda-Settings, der politischen Mobilisierung und der Herstellung von Öffentlichkeit für bestimmte politische Themen zu erwähnen ist. Im Folgenden schenken wir die Aufmerksamkeit den Referenden als Form der direkten Mitentscheidung.

In der Schweiz nehmen die direktdemokratischen Instrumente einen ähnlichen Stellenwert bei politischen Entscheidungen ein wie repräsentative EntscheidungsträgerInnen. Dies drückt sich auch in der Beteiligung der Bevölkerung aus. Die Wahlbeteiligung ist niedrig, seit den 1980er Jahren liegt sie bei 50 Prozent. Die Abstimmungsbeteiligung gleicht sich der sinkenden Wahlbeteiligung an – sie liegt zwischen 40 und 50 Prozent (Lutz & Selb 2006: 435).

Ein Argument für die Durchführung von Referenden ist, dass die repräsentativen EntscheidungsträgerInnen auch während einer Legislaturperiode sich immer wieder um Mehrheiten – zumindest für bestimmte Themen – bemühen müssten. Die Rückbindung der Gewählten an die WählerInnen sei stärker ausgeprägt, Regierungen müssten ihre Entscheidungen deutlicher erklären und mehr darüber informieren als in ausschließlich repräsentativen Strukturen, so das Argument. Für die Schweiz wird zudem ins Treffen geführt, dass die direkte Demokratie den gesellschaftlichen Zusammenhalt befördere, dass die Defizite der substantiellen Repräsentation durch plebiszitäre Voten ausgeglichen würden. Robert A. Dahl (2000) nennt die Verschränkung der repräsentativen mit den plebiszitären Strukturen auch als Mittel, eine heterogene Gesellschaft konsensual zu verbinden.

Andererseits werden auch kritische Stimmen laut. Minderheiten und jene, die kein Recht auf Mitbestimmung haben, können der etablierten Mehrheit ausgeliefert sein. Nohlen (2007: 45) erinnert daran, dass in der Vergangenheit die Demokratisierung des Wahlrechts mittels Referendums nicht erfolgreich war. In der Schweiz wurden wiederholt plebiszitäre Entscheidungen gegen das Frauenwahlrecht getroffen, in Dänemark wurde in einem Referendum über die Wahlalterssenkung auf 18 Jahre negativ entschieden (1969). Insbesondere für die Schweiz gilt, dass Staatsbürgerschaftsbestimmungen wie Wahlrechte politisch und gesellschaftlich nicht inklusiv wirken, ein vergleichsweise hoher Anteil der Wohnbevölkerung ist vom Stimmrecht ausgeschlossen.

Auch im Parteienstaat Österreich sind die direktdemokratischen Instrumente verfassungsrechtlich gut ausgebaut. Volksbegehren zur Initiierung von Gesetzen, Volksabstimmungen über bereits parlamentarisch beschlossene Gesetze (Referenden können von BürgerInnen nicht initiiert werden, sondern das Initiativrecht liegt einzig beim Parlament) ebenso wie Volksbefragungen zur nicht bindenden Erkundung des „Wählerwillens" sind in der Bundesverfassung vorgesehen und geregelt. Das Ergebnis von Referenden ist für Parlament und Regierung bindend, nicht so jenes von Volksbegehren (Pelinka & Rosenberger 2007). Praktisch ist das politische System als Parteiendemokratie zu klassifizieren, in der die politischen Parteien nicht nur in der Politik, sondern auch in Gesellschaft und Wirtschaft wichtige (Schleusenwärter-)Funktionen erfüllen. In der Zweiten Republik wurden lediglich zwei Referenden durchgeführt (eines zu Atomkraftwerken, das andere zum EU-Beitritt). Die Volksbegehren (Initiativen) hingegen genießen sowohl bei politischen Parteien als auch bei zivilgesellschaftlichen Organisationen hohe Attraktivität. Nahezu die Hälfte der Volksbegehren ist im Nahebereich von EU-Themen angesiedelt (Rosenberger & Seeber 2007).

Das Deutsche Grundgesetz sieht keine bundesweiten Referenden und Initiativen vor, auf der Ebene von Ländern sind diese aber verfassungsrechtlich möglich. Die Verfassung zeigt eine Reserviertheit gegenüber direktdemokratischer Einbindung, der politische Prozess ist parlamentarisch und föderativ institutionalisiert. Ein Antrag auf eine Verfassungsbestimmung während der rot-grünen Bundesregierung, die die Einführung von Referenden und Initiativen auf der Bundesebene rechtlich ermöglichen sollte, erreichte im Deutschen Bundestag nicht die erforderliche Zweidrittelmehrheit.

Nationale Referenden zur EU

Referenden sind in den meisten europäischen Ländern die Ausnahme im nationalen Politikgeschehen, ihnen kommt im Zusammenhang mit dem europäischen Integrationsprozess aber eine wachsende Rolle zu. Sie sind ein akzeptiertes, gefordertes und angewandtes Instrument im Prozess der Erweiterung und Vertiefung der Europäischen Union. Maija Setälä (2006) erhob, dass seit den 1970er Jahren mehr als die Hälfte aller durch Regierungen/Parlamente initiierten Referenden in den EU-Mitgliedsländern Themen betrafen, die unmittelbar mit der Europäischen Union zusammenhingen. Mit diesem vergleichenden Blick auf die Anzahl von Referenden zu Themen der Europäischen Integration – Erweiterung und Vertiefung – erscheint die EU weniger als ein abgehobenes Elitenprojekt, sondern als ein politisches Projekt, das seine Legitimation auch direkt von Abstimmungen der Bevölkerungen herleitet.

Es sind im Wesentlichen zwei Anlässe, die auf der mitgliedsstaatlichen Ebene wiederholte Referendumswellen über mit der EU in Zusammenhang stehende Themen auslösen:

a) Wellen von Referenden überziehen dann Europa, wenn neue Staaten in die Europäische Union aufgenommen werden. Dabei gilt das Prinzip, dass die Bevölkerung jenes Landes, das das Beitrittsgesuch stellt, abstimmt und nicht die Bevölkerungen der „alten" Mitgliedsländer. In den Mitgliedsländern wird der Beitritt eines Kandidaten parlamentarisch ratifiziert.

b) Die Referendumstätigkeit steigt im Zusammenhang mit der Ratifizierung von EU-Verträgen. In Irland und Dänemark sieht die nationale Verfassung jeweils vor, dass die Ratifizierung von Verträgen betreffend die Vertiefung der EU, wie z. B. der Maastricht-Vertrag oder der Vertrag von Nizza, durch ein Referendum zu erfolgen hat (Hug 2002).

Hinzu kommt, dass in Frankreich das Referendum über den Verfassungsentwurf (2005) nicht durch die Verfassung bedingt, sondern vom damaligen Staatspräsidenten als „politisch" notwendig erachtet wurde. Die Regierung gab dem Druck der Oppositionsparteien nach, ein Referendum durchzuführen.

Auch in anderen Staaten steigt der durch EU-kritische Parteien aufgebaute politische Druck, häufiger Abstimmungen über Erweiterungs- und Vertiefungsetappen abzuhalten. In Österreich verlangte die rechtsnationale Partei, die FPÖ, wiederholt Abstimmungen zur europäischen Integrationsagenda. So haben bereits 2006 die Regierungsparteien der Bevölkerung versprochen, im Falle des Beitritts der Türkei zur EU, also in etwa zehn bis fünfzehn Jahren, eine Volksabstimmung abzuhalten.

Nationale Referenden zur EU wirken als Kontroll- und Korrekturmechanismen von Regierungsentscheidungen. Immer wieder bremsen sie das von den politischen Eliten vorgegebene Tempo des europäischen Integrationsprozesses. Eine Mehrheit der Bevölkerung folgt manchmal nicht den Empfehlungen und Entscheidungen ihrer Regierungen. Sie votiert, oft mit knapper Mehrheit, gegen Beitritt, Erweiterung und Vertiefung. Hier einige Abstimmungsbeispiele:

- Gegen den Beitritt zur Gemeinschaft stimmte Norwegen (1972 und 1994).
- Gegen die Einheitliche Europäische Akte stimmte die Schweiz 1992 ebenso, wie sie 2001 gegen die Aufnahme von Beitrittsverhandlungen zur EG votierte.
- Gegen den Maastricht-Vertrag stimmte Dänemark (1992) und gegen die Teilnahme an der Währungsunion ebenfalls Dänemark (2000).
- Gegen den Nizza-Vertrag stimmte eine Mehrheit der Bevölkerung in Irland (2001; die Abstimmung wurde wiederholt).

- Gegen die Ratifizierung des Verfassungsvertrages (Vertrag von Rom 2004) entschieden Mehrheiten in Frankreich und in den Niederlanden.

Während des Ratifizierungsprozesses des Verfassungsvertrages waren Referenden ein heiß diskutiertes Thema. In vier Mitgliedsstaaten wurden Referenden tatsächlich durchgeführt (Frankreich, Spanien, Luxemburg, Niederlande), in den meisten anderen wurde in den nationalen Parlamenten die Ratifizierung vorgenommen. EU-kritische Parteien forderten auch dort die direkte Mitwirkung der Bevölkerung bei der Verfassungswerdung. Nach den Abstimmungen in Frankreich und den Niederlanden war von der „Leichtigkeit des Neins" die Rede – gemeint war die demokratiepolitische Schwachstelle, dass (knappe) Mehrheiten in einzelnen Mitgliedsstaaten (große) Mehrheiten in anderen Mitgliedsstaaten einfach überstimmen können. Im Ratifizierungsprozess wurden Klüfte zwischen Parlamenten/Regierungen und den Bevölkerungen besonders deutlich. Die Auseinandersetzung ging, ausschließlich prozedural gesehen, zugunsten der Bevölkerung aus.

Die europäische Verfassungsdiskussion brachte schließlich den Vorschlag eines paneuropäischen Referendums auf den Tisch. Die von grünen Parteien lancierte Idee ging dahin, dass zeitgleich die Bevölkerungen aller Mitgliedsstaaten über den Verfassungsvertrag abstimmen können sollten. Es blieb bisher bei der Idee, die nicht nur die Abstimmungsdemokratie hätte stärken sollen, sondern auch einen Beitrag zur Bildung einer europäischen Öffentlichkeit hätte leisten können.

Dass Referenden über EU-Themen ein relevantes Beteiligungsinstrument zur Gestaltung der Integration sind, ist an einem weiteren Indikator ablesbar. Die Beteiligung an Abstimmungen ist durchwegs höher als die Beteiligung an den Wahlen zum Europäischen Parlament. Liegt die Wahlbeteiligung – von wenigen Ausnahmen abgesehen – zum Europäischen Parlament (EP) bei etwas mehr als 40 Prozent, so liegt die Abstimmungsbeteiligung deutlich höher. Dies mag damit zu tun haben, dass die EP-Wahlen von der Bedeutung her als nachrangig eingestuft werden, den nationalen Referenden, bei denen nationale Souveränität und Identität zur Debatte stehen, höherer Stellenwert beigemessen wird.

Resümierend kann als These festgehalten werden, dass in Bezug auf die EU die repräsentative nationale Demokratie nicht nur durch Referenden ergänzt wird, sondern, wenn es sich um Beitritt und Vertiefung handelt, direktdemokratische Abstimmungen ausschlaggebend sind. Der

Entscheidungsprozess in EU-Angelegenheiten könnte folglich die repräsentative Demokratie und die Beteiligungsformen der Bevölkerung verändern. Das Verhältnis von direkter und indirekter Demokratie wird in dieser Thematik neu bestimmt und stärkt insgesamt die direkte Demokratie auf der nationalen Ebene.

Transnationale, europäische Demokratie

Fritz Scharpf (1999) verweist im Zusammenhang mit der demokratischen Legitimation der Europäischen Union auf die Performanz des Systems und auf die Qualität der politischen Ergebnisse. Das politische System sei durch den Output legitimiert – das Prinzip „Regierung für das Volk" rechtfertige die politischen Entscheidungen durch (nicht gewählte) RepräsentantInnen.

Die Outputlegitimierung tritt an die Stelle bzw. ergänzt die vergleichsweise schwach institutionalisierte Inputlegitimierung durch Wahlen – erst seit 1979 wird ein Organ der EG (heute EU) direkt gewählt, nämlich das Europäische Parlament. Das Konzept der Outputlegitimierung relativiert das Defizit, das durch die limitierte Bedeutung von Wahlen für die Legitimation von Entscheidungen entsteht. Wie aber verhält es sich mit der demokratiepolitisch ebenfalls relevanten Komponente der Beteiligung der Bevölkerung? Wie werden die EU-BürgerInnen in supranationale Entscheidungsprozesse einbezogen bzw. dabei berücksichtigt? Wie werden sie repräsentiert?

Eine Antwort auf diese Fragen geben vertraglich festgelegte Abstimmungsregeln und -gewichte, nach denen die politischen RepräsentantInnen der nationalen Regierungen zu Entscheidungen kommen. Abstimmungsregeln haben gesellschaftliche wie politische Komplexitätsstrukturen zu berücksichtigen und gleichzeitig zu konsensualisieren. In Abstimmungsregeln und -gewichten gehen heterogene Gesellschaften, abweichende Ideologien und *cleavages*, unterschiedliche politische Traditionen, Religionen, nationalstaatliche Geschichten und nicht überwundene Konflikte ein. Eine (einstimmige) Einigung ist dementsprechend konfliktbeladen. Das Regelwerk wird auf der EU-Ebene ähnlich emotional diskutiert wie Wahlrechte und -systeme auf der nationalstaatlichen Ebene, denn neben den historischen, politischen und kulturellen Differenzen werden Macht und Einfluss institutionalisiert und kanalisiert (Harlow 2002).

Wir sprechen im Folgenden von Abstimmungsmacht (in der Literatur wird auch der Begriff der Verhandlungsmacht verwendet), wenn wir auf der supranationalen Ebene die Bedeutung bzw. die Stärke der Verhandlungspartner aufgrund der Abstimmungsregeln thematisieren. Die Abstimmungsregeln geben den Verhandlungspartnern unterschiedliche Bedeutung, ja unterschiedliches Gewicht. Diese Abstimmungsmacht kann mit dem Banzhaf-Index quantifiziert werden. Gemessen wird er daran, in insgesamt wie vielen Koalitionen ein Verhandlungspartner für eine Entscheidung benötigt wird. Diese methodische Herangehensweise führt uns zu Antworten auf die Frage, welche Rolle die Repräsentation von Staaten bzw. welche Rolle die Repräsentation von Bevölkerungen (BürgerInnen) spielen. Indem wir die Abstimmungsregeln im Vertrag von Nizza mit denen im Vertrag von Lissabon vergleichen, können wir eine Aussage über die Entwicklungsrichtung der Repräsentation durch indirekte Abstimmungsmacht der Staats- und RegierungschefInnen im Europäischen Rat treffen.

Abstimmungsmacht: Vertrag von Rom (1957)

Die Abbildung politischer Macht in formalen Stimmgewichten und Abstimmungsregeln wird an einem Beispiel aus der Anfangszeit europäischer Integration deutlich.

Der Vertrag von Rom aus dem Jahr 1957 begründete die Europäische Wirtschaftsgemeinschaft mit sechs Mitgliedsstaaten. Die Abstimmungen im Rat erfolgten über ein einfach gewichtetes System, in dem die Größe der Bevölkerung Berücksichtigung fand. Deutschland, Frankreich und Italien waren je vier Stimmen, Belgien und den Niederlanden je zwei Stimmen und Luxemburg eine Stimme zugeordnet. Eine erfolgreiche Beschlussfassung erforderte mindestens zwölf (gewichtete) Stimmen (Artikel 148). Kleinstmögliche Koalitionen, die das Minimum von zwölf Stimmen erreichten, waren: {DE, FR, IT}, {DE, FR, BE, NL}, {DE, IT, BE, NL} und {FR, IT, BE, NL}. In keiner dieser Gruppierungen scheint Luxemburg auf. Folglich konnte Luxemburg nie als „Mehrheitsbeschaffer“ fungieren, umgekehrt auch in keiner Koalition die Mehrheit durch einen Austritt gefährden. Anders ausgedrückt: Das praktizierte Abstimmungssystem gab Luxemburg keinerlei Abstimmungsmacht (siehe Tabelle 5.1)

Tabelle 5.1: Europäische Wirtschaftsgemeinschaft 1958, gewinnende Koalitionen mit kritischen Mitgliedern

Gewinnende Koalitionen	Kritische Mitglieder
{DE, FR, IT}	DE, FR, IT
{DE, FR, IT, BE}	DE, FR, IT
{DE, FR, IT, NL}	DE, FR, IT
{DE, FR, BE, NL}	DE, FR, BE, NL
{DE, IT, BE, NL}	DE, IT, BE, NL
{FR, IT, BE, NL}	FR, IT, BE, NL
{DE, FR, IT, BE, NL}	
{DE, FR, IT, LU}	DE, FR, IT
{DE, FR, IT, BE, LU}	DE, FR, IT
{DE, FR, IT, NL, LU}	DE, FR, IT
{DE, FR, BE, NL, LU}	DE, FR, BE, NL
{DE, IT, BE, NL, LU}	DE, IT, BE, NL
{FR, IT, BE, NL, LU}	FR, IT, BE, NL
{DE, FR, IT, BE, NL, LU}	

Quelle: eigene Berechnungen

In der mathematischen Theorie wird zur Erläuterung des Dargestellten folgende Sprechweise verwendet: Die zur Teilnahme an der Abstimmung Berechtigten – in unserem Beispiel die Länder der EWG 1958 – heißen *Akteure*. Jede Gruppierung von Akteuren wird *Koalition* genannt; eine Koalition wird als *gewinnend* bezeichnet, wenn sie genügend Stimmen für eine Beschlussfassung auf sich vereinen kann. Ein Mitglied einer gewinnenden Koalition ist *kritisch*, wenn die Koalition durch sein Ausscheiden die nötige Stimmenanzahl nicht mehr erreicht, wenn dieses Mitglied also die Rolle des „Züngleins an der Waage" spielt.

Ein die Abstimmungsmacht angebender Index lässt sich nach folgender Idee konstruieren: Die Anzahl der Koalitionen, in denen ein Akteur kritisch ist, heißt die *gesamte Banzhaf-Macht* dieses Akteurs. Diese, dividiert durch die Summe der Banzhaf-Macht aller Akteure, liefert den *Banzhaf-Index* für diesen einen Akteur. Der Banzhaf-Index ist damit eine

Zahl zwischen 0 und 1 und die Summe der Indizes aller Akteure ist 1; der Index lässt sich also als Anteil oder Prozentsatz interpretieren.

Im Beispiel der Abstimmungsregeln im Rat der EWG 1958 sind Deutschland, Frankreich und Italien kritische Akteure in jeweils zehn Koalitionen, Belgien und die Niederlande in sechs und Luxemburg in keiner Koalition. Damit ergeben sich die in Tabelle 5.2 angegebenen Machtanteile, die von den Stimmenanteilen mehr oder weniger deutlich abweichen. Relevant ist, dass Luxemburg zwar Stimmenanteile besitzt, entsprechend der obigen Machtdefinition aber keine Machtanteile lukriert.

Tabelle 5.2: Europäische Wirtschaftsgemeinschaft 1958, Stimmgewichtung und Machtanteile

	Stimmen	Stimmenanteil	Banzhaf-Index	Machtanteil
Deutschland	4	23,5 %	10/42	23,8 %
Frankreich	4	23,5 %	10/42	23,8 %
Italien	4	23,5 %	10/42	23,8 %
Belgien	2	11,8 %	6/42	14,3 %
Niederlande	2	11,8 %	6/42	14,3 %
Luxemburg	1	5,9 %	0	0 %

Quelle: eigene Berechnungen

Die Definition des Banzhaf-Index, wie anderer Machtindizes auch, geht davon aus, dass alle potentiellen Koalitionen gleich wahrscheinlich wären, eine Annahme, die für die Analyse zu beobachtender politischer Prozesse wenig plausibel scheint: Koalitionen bilden sich zwischen Regierungen mit ähnlichen politischen Interessen und Zielen. Auch politisches Verhandlungsvermögen verbessert die Machtposition. Diese Überlegungen jedoch werden in diesem Index nicht zum Ausdruck gebracht.

Abstimmungsmacht im Europäischen Rat (nach Nizza und Lissabon)

Der 2001 unterzeichnete und 2003 in Kraft getretene Vertrag von Nizza sieht für die erweiterte EU (heute EU-27) eine qualifizierte Mehrheit für Abstimmungen im Europäischen Rat (und dem Rat der Europäischen Union auf Ministerebene) vor. Für die qualifizierte Mehrheit sind drei Mindestforderungen an Zustimmung für eine Beschlussfassung zu erfüllen:

(i) 258 (von 345, also knapp zwei Drittel) Stimmen im Europäischen Rat. Diese 258 Stimmen haben
(ii) eine Mehrheit der Mitgliedsstaaten abzudecken; diese Mehrheit hat mindestens
(iii) 62 % der Gesamtbevölkerung der EU zu repräsentieren.

Der *Konvent über die Zukunft Europas* (2001–2003) war mit der Ausarbeitung einer EU-Verfassung, die die erweiterte Union handlungsfähig und näher an die BürgerInnen bringen sollte, beauftragt. Dieser Konvent, bestehend aus VertreterInnen von Mitglieds- und Kandidatenstaaten, schlug in Bezug auf Abstimmungsverfahren den (vereinfachten und für die Bevölkerung transparenteren) Modus der doppelten Mehrheit vor. Diese Regel hätte bedeutet, dass eine Mehrheit der Staaten, in der mindestens 60 % der EU-Bevölkerung wohnen, für eine Beschlussfassung ausreichen würde. Die doppelte Mehrheit hätte im Vergleich zur im Vertrag von Nizza festgelegten Verfahrensweise zwar eine größere Proportionalität der Abstimmungsmacht mit der Größe der Bevölkerung der jeweiligen Staaten gebracht, gleichzeitig aber eine auffallende Senkung der Abstimmungsmacht von Polen und Spanien bedeutet. Es ist daher nicht überraschend, dass diese beiden Staaten ihre Zustimmung verweigerten. Im Zuge der Verhandlungen konnten sich die Staats- und Regierungschefs schließlich auf den im Vertrag von Rom festgeschriebenen Kompromiss einigen, nach dem 55 % der Mitgliedsstaaten mit 65 % der Bevölkerung (bei einer Sperrminorität von vier Mitgliedern des Rates) einen Beschluss herbeiführen können (siehe dazu auch Hix 2005: 86).

In den Verhandlungen zum Vertrag von Lissabon (2007) war diese Bestimmung abermals umstritten. In der Debatte um das Abstimmungssystem im Europäischen Rat wurde der Vorschlag diskutiert, bei der Stimmgewichtung zu verbleiben, die Gewichte jedoch so anzupassen, dass diese proportional zur Bevölkerungsgröße wären. Polen entgegnete dem, dass sich die Stimmgewichtung nicht direkt (d.h. linear) in Abstimmungsmacht übersetzen ließe und schlug vor, die Gewichte proportional zur Quadratwurzel der Bevölkerungszahlen zu vereinbaren. Zusammen mit einem Mindesterfordernis von 62 % der Stimmen wären damit zwei Ziele gleichzeitig zu erreichen: (i) die indirekte Abstimmungsmacht der EU-BürgerInnen wäre annähernd gleich verteilt und (ii) einer Mehrheit im Rat würde auch eine Mehrheit der Bevölkerung zumindest annähernd entsprechen.

Nach schwierigen Verhandlungen, insbesondere zwischen Deutschland und Polen, wurde die bereits im Vertrag von Rom (2004) ausgehandelte

Regelung in den Vertrag von Lissabon übernommen, also die doppelte Mehrheit – 55 % der Mitgliedsstaaten und 65 % der Bevölkerung.

Tabelle 5.3: Stimmverteilung und Banzhaf-Index im Rat der Europäischen Union (EU-27) nach den Bestimmungen im Vertrag von Nizza (2001) und im Vertrag von Lissabon (2007)

		Nizza		Lissabon	
	Bevölkerung	Stimmen	Macht	Stimmen	Macht
Deutschland	82,4	29	7,71 %	1	11,57 %
Frankreich	64,4	29	7,71 %	1	9,15 %
Vereinigtes Königreich	60,2	29	7,71 %	1	8,60 %
Italien	59,1	29	7,71 %	1	8,47 %
Spanien	45,2	27	7,37 %	1	6,76 %
Polen	38,5	27	7,37 %	1	5,67 %
Rumänien	21,6	14	4,28 %	1	4,14 %
Niederlande	16,6	13	3,99 %	1	3,52 %
Griechenland	11,1	12	3,71 %	1	2,86 %
Belgien	10,5	12	3,71 %	1	2,79 %
Portugal	10,9	12	3,71 %	1	2,84 %
Tschechische Republik	10,3	12	3,71 %	1	2,77 %
Ungarn	10,1	12	3,71 %	1	2,74 %
Schweden	9,2	10	3,11 %	1	2,63 %
Bulgarien	7,7	10	3,11 %	1	2,46 %
Österreich	8,3	10	3,11 %	1	2,53 %
Dänemark	5,5	7	2,20 %	1	2,19 %
Slowakei	5,4	7	2,20 %	1	2,18 %
Finnland	5,3	7	2,20 %	1	2,17 %
Irland	4,2	7	2,20 %	1	2,03 %
Litauen	3,4	7	2,20 %	1	1,94 %
Lettland	2,3	4	1,26 %	1	1,81 %
Slowenien	2,0	4	1,26 %	1	1,77 %
Estland	1,3	4	1,26 %	1	1,69 %
Republik Zypern	0,8	4	1,26 %	1	1,63 %
Luxemburg	0,5	4	1,26 %	1	1,59 %
Malta	0,4	3	0,95 %	1	1,58 %

Wohnbevölkerung in Millionen, zitiert nach Wikipedia mit Stand vom Jänner 2008
Quelle: Europäische Kommission, Europäisches Parlament, eigene Berechnungen

Die klaren Gewinner an Abstimmungsmacht (Verhandlungsmacht) aufgrund der Neuregelung im Lissabon-Vertrag – im Vergleich zum Vertrag von Nizza – sind die bevölkerungsstarken Mitgliedsstaaten Deutschland (+3,86), Frankreich (+1,44), Vereinigtes Königreich (+0,89) und Italien (+0,75). Marginale Zuwächse an Abstimmungsmacht können auch die ganz kleinen Mitglieder verzeichnen. Anders ist die Situation für jene beiden Staaten, die die Verhandlungen im Vorfeld des Reformvertrages am stärksten belasteten, Spanien und Polen. Beide Länder, Spanien (–0,70) und Polen (–1,70), zählen zu den Verlierern – gemessen an der vorherigen Situation. Alle anderen Staaten geben geringfügig an Verhandlungsmacht ab.

Repräsentation der BürgerInnen?

Hat durch diese Verschiebungen der Abstimmungsmacht das Prinzip der Repräsentation der Bevölkerung – im Vergleich zur Repräsentation der Nationalstaaten – auf der supranationalen Ebene gewonnen? Als Ergebnis kann festgehalten werden, dass die neuen Abstimmungsgewichte nahezu proportional zur Bevölkerung gestaltet sind, der Vorschlag zur „Quadratwurzel" wäre diesem Kriterium viel weniger gerecht geworden. Die Abstimmungsregel basiert – so kann argumentiert werden – auf dem Prinzip der Repräsentation der Bevölkerung und nicht der Staaten. Im Vertrag von Nizza waren bevölkerungsmäßig die mittelgroßen Staaten stärker bevorzugt, die Bevölkerung in den größeren Mitgliedsstaaten war eher benachteiligt. Die Bestimmungen im Vertrag von Lissabon sind ausgewogener. Das EU-Mitglied Polen hat als Nationalstaat – im Vergleich zu Nizza – deshalb verloren, weil es vorher gemessen an der Bevölkerungsgröße deutlich überrepräsentiert war.

Bei all diesen Überlegungen zur Repräsentation der Bevölkerung über Abstimmungsmacht bleibt die grundsätzliche demokratiepolitische Bewertung der Repräsentation durch nationale Regierungsmitglieder offen. MinisterInnen und RegierungschefInnen werden zwar durch nationale Wahlen in ihre Ämter gebracht, ihre elektorale Legitimation für transnationales, europäisches Handeln ist dennoch dürftig. Die Europäische Union ist bei nationalen Wahlen deutlich unterthematisiert, weder die WählerInnen noch die Opposition stellen Öffentlichkeit her und üben Kontrolle aus (Kriesi 2007). Für europäisches Regieren wird bei nationalen Wahlen nur selten Verantwortung übernommen. Eine andere Schwachstelle ist, dass MinisterInnen und RegierungschefInnen höchstens eine Mehrheit der BürgerInnen ihrer Staaten vertreten, die nationale parlamentarische Minderheit, die Opposition, aber keine Repräsentation auf der supranationalen Ebene findet.

Die europäische Demokratie zeigt zweifelsohne institutionelle Schwächen. Und doch sollte nicht ignoriert werden, dass die Legitimationsbasis deutlich breiter ist als oft dargestellt (siehe nationale Referenden) und dass die Repräsentation in Richtung Bevölkerung (anstelle von Staaten) weist.

Literatur

Dahl, Robert A. (2000): On Democracy. New Haven and London: Yale University Press.

Harlow, Carlow (2002): Accountability in the European Union. Oxford: Oxford University Press.

Hix, Simon (2005): The Political System of the European Union. Second Edition. Houndmills: Palgrave Macmillan.

Hug, Simon (2002): Voices of Europe. Citizens, Referendums, and European Integration. Lanham: Rowman & Littlefield.

Lutz, Georg & Selb, Peter (2006): Die nationalen Wahlen in der Schweiz. In: Ulrich Klöti (u. a., Hg.): Handbuch der Schweizer Politik. Manuel de la politique Suisse. Zürich: Verlag Neue Zürcher Zeitung, 4. Aufl., 427–459.

Kriesi, Hanspeter (2007): The Role of European Integration in National Election Campaigns. In: European Union Politics, 8(1), 83–108.

Nohlen, Dieter (2007): Wahlrecht und Parteiensystem. 5. Auflage, Opladen & Farmington Hills: Verlag Barbara Budrich.

Pelinka, Anton & Rosenberger, Sieglinde (2007): Österreichische Politik. Grundlagen, Strukturen, Trends. 3. Aufl., Wien: Facultas.

Pollak, Johannes & Slominski, Peter (2006): Das politische System der EU. Wien: Facultas.

Rosenberger, Sieglinde & Seeber, Gilg (2007): Zivilgesellschaft durch Direkte Demokratie? Der Bürger im Staat, 57. Jg., 233–239.

Scharpf, Fritz (1999): Europäisches Regieren. Frankfurt am Main: Campus.

Setälä, Maija (2006): National Referendums in European Democracies: Recent Developments. In: Representation, Vol. 42, No. 1, 13–23.

Taylor, Alan D. (1995): Mathematics and Politics: Strategy, Voting, Power and Proof. New York: Springer-Verlag.

Internetadressen

Indices of Power: http://www.tbraeuninger.de/iop.html (MS-DOS Programm zur Berechnung von Machtindizes)
Vertrag von Nizza (2001): http://europa.eu/scadplus/nice_treaty/index_de.htm
Vertrag von Lissabon (2007): http://europa.eu/lisbon_treaty/index_de.htm
Vertrag von Rom (2004): http://europa.eu/scadplus/constitution/index_de.htm

Glossar

Allgemeines Wahlrecht

bedeutet, dass grundsätzlich alle BürgerInnen (faktisch jedoch die StaatsbürgerInnen) das Recht besitzen – ohne Einschränkung von Geschlecht, Herkunft, Ethnizität, Religion etc. –, an Wahlen aktiv (d. h. zu wählen) und passiv (d. h. gewählt zu werden) teilzunehmen. Das allgemeine Wahlrecht wurde im Wesentlichen im 19. Jahrhundert von den Arbeiterbewegungen für Männer und im 20. Jahrhundert von Frauen- und Arbeiterbewegungen für Frauen erkämpft.

E-Wählen (E-Voting)

Stimmabgabe mit Unterstützung von elektronischen Hilfsmitteln, insbesondere mit Hilfe des Internets oder per Telefon oder SMS. Von den BefürworterInnen wird E-Wählen als Möglichkeit zur Erhöhung der Wahlbeteiligung gesehen, von den KritikerInnen werden Probleme hinsichtlich der Gewährleistung der geheimen Stimmabgabe angeführt.

Liberale Demokratie / Wahldemokratie

bezeichnet jene Form der politischen Herrschaftsorganisation, bei der durch freie und faire (Einhaltung von Wahlprinzipien), regelmäßig und kompetitiv (Mehrparteiensystem) organisierte Wahlen die politische Führung (Regierung und Parlament) generiert und kontrolliert wird. Für den Wahlprozess gilt der Grundsatz der Gleichheit – alle BürgerInnen sind stimmberechtigt (allgemeines Wahlrecht), die Stimmen werden gleich gewichtet, und im Wahlprozess finden alle wahlwerbenden Personen und Parteien (Gruppen) dieselben Bedingungen vor (z. B. Zugang zu Medien).
Liberale Demokratien zeichnet aus, dass neben den politischen Rechten (freie Wahlen, Gleichheit der BürgerInnen) auch bürgerliche Grundfreiheiten (Meinungs- und Gewissensfreiheit, Rechtsstaatlichkeit) gesichert sind. Freedom House setzt Wahldemokratien mit liberalen Demokratien dann gleich, wenn sowohl der Wahlprozess selbst einer Reihe von Kriterien entspricht (fair, kompetitiv, gleich) als auch Grund- und Freiheitsrechte erfüllt sind.

Referendum

Das direktdemokratische Instrument Referendum ermöglicht es BürgerInnen, in direkter, unmittelbarer Weise über Inhalte und Themen mit Ja bzw. Nein abzustimmen. Die getroffene (Mehrheits-)Entscheidung ist für die repräsentativen Organe (für das Parlament) bindend. Alternative Begriffe sind Volksabstimmung und Plebiszit.

Repräsentative, indirekte Demokratie

Jene Form der Demokratie, in der die AktivbürgerInnen nicht die Direktherrschaft ausüben, sondern die politischen Entscheidungen von Repräsentativorganen (Parlamenten, Regierungen) getroffen werden. Die BürgerInnen, konkret die WählerInnen, bestellen in formalisierten Verfahren (Wahlprozessen) auf Zeit die Organe, die in der Folge zwar stellvertretend, aber ohne bindenden Auftrag (kein imperatives Mandat) die politischen Entscheidungen treffen.
Repräsentation bedeutet, dass die Gewählten die WählerInnen in politischen Ämtern repräsentieren, d. h., dass sie sie bzw. deren Interessen vertreten. Hannah Fiskin unterscheidet zwischen deskriptiver Repräsentation (Parlamente widerspiegeln die Bevölkerungsgruppen) und substantieller Repräsentation (die PolitikerInnen vertreten die Interessen der WählerInnen).

Responsivität und Verantwortlichkeit

Responsivität und Verantwortlichkeit (Rechenschaft) sind neben Kontrolle jene Prinzipien, die über den Wahlprozess die WählerInnen mit den Gewählten verbinden (elektorale Brücke).
Insbesondere jene PolitikerInnen, die wiedergewählt werden wollen, versuchen, den Präferenzen der WählerInnen zu entsprechen; sie verhalten sich folglich responsiv. Dieser konkurrenzdemokratischen Annahme zufolge bestimmen die WählerInnen nicht nur das politische Personal, sie üben auch Einfluss auf die Inhalte und Programme aus.
Das Prinzip der Verantwortlichkeit verweist darauf, dass die PolitikerInnen in der repräsentativen Demokratie den WählerInnen gegenüber Rechenschaft abzulegen haben, dass sie für die im Namen der Bevölkerung getroffenen Entscheidungen verantwortlich sind. Verantwortlichkeit setzt auf der Seite der WählerInnen aber Wissen über politische Prozesse voraus, insbesondere darüber, wer (welche Partei) welche Entscheidungen in einer Wahlperiode getroffen hat.

Staatsbürgerschaft / Wohnsitzbürgerschaft

Das individuelle Recht zu wählen ist in Nationalstaaten (meist) an die Staatsbürgerschaft gekoppelt. Für Einwanderungsgesellschaften werden jedoch zunehmend sowohl theoretisch als auch politisch Wahlrechte diskutiert, die, von der Staatsbürgerschaft losgelöst, an die Tatsache des langfristigen Wohnsitzes geknüpft sind. Wahlrechte sind hier kein territoriales Recht, sondern das Recht ist mit der Betroffenheit durch Politik verbunden. In der Literatur wird, um die Betroffenheit durch Politik als Kriterium zur Berechtigung der Mitbestimmung zum Ausdruck zu bringen, der Begriff „all affected principle" verwendet. Seit dem Maastricht-Vertrag besitzen bei Kommunalwahlen die EU-Bürgerinnen das Wahlrecht aufgrund ihres Wohnsitzes.

Suffragetten

Emanzipations- und Frauenstimmrechtsbewegung in England im späten 19. Jahrhundert, als den Frauen das Wahlrecht allein aufgrund der Geschlechtszugehörigkeit rechtlich verweigert war. Bürgerliche Frauen, Frauen mit Vermögen und mit Universitätsabschluss engagierten sich für das Stimmrecht, sie demonstrierten auf den Straßen, übten zivilen Ungehorsam, und Sprecherinnen kamen ins Gefängnis. Eine der bekanntesten Suffragetten ist Emmeline Pankhurst; sie gründete die Women's Social and Political Union.
Die englische Bezeichung suffrage bedeutet Wahlrecht (Wahlberechtigung).

Volkssouveränität

Wörtlich übersetzt bedeutet Volkssouveränität „Herrschaft des Volkes", d. h., Regierungs- und Staatsgewalt liegen in den Händen der BürgerInnen. In politischen Kämpfen und Revolutionen (z. B. die Französische Revolution) war sie von den „Massen" zu erkämpfen, die Volkssouveränität in Massendemokratien löste die sogenannte Fürstensouveränität ab.
In liberalen, repräsentativen Demokratien, wo Entscheidungen stellvertretend von gewählten RepräsentantInnen getroffen werden, wird die Volkssouveränität punktuell ausgeübt – zum Zeitpunkt der Stimmabgabe.

Wahlbeteiligung

Gibt den Anteil der an einer Wahl teilnehmenden Personen an; sie bezieht sich auf die Zahl der Wahlberechtigten oder auf die Wohnbevölkerung im Wahlalter (unabhängig der Staatsbürgerschaft oder sonstiger Ausschließungsgründe). Von der Bezugsgröße hängt die Höhe der Wahlbeteiligung ab.

Wahlprinzipien

Der Wahlprozess in repräsentativen Demokratien hat einige formale Mindestvoraussetzungen, sogenannten Wahlprinzipien, zu erfüllen. Wahlen sind allgemein (alle BürgerInnen eines bestimmten Alters sind wahlberechtigt), gleich (die Stimmen werden gleich bewertet), direkt (die Stimmabgabe erfolgt direkt und nicht stellvertretend), frei (ohne Druck), geheim (nicht öffentlich) und persönlich durchzuführen.

Wahlrecht

Der Begriff umfasst alle rechtlichen Bestimmungen (Verfassungsgesetze, einfache Gesetze, Wahlordnungen), die die Durchführung von Wahlen zu politischen Vertretungseinrichtungen regeln, wie z. B. Wahlfristen, KandidatInnennominierung, Unterstützungserklärungen, Wahlkampfbestimmungen Auszählungsverfahren. Insbesondere werden unter dem Begriff Wahlrecht auch jene Bestimmungen subsumiert, die festlegen, wer wählen (aktives Wahlrecht) und gewählt werden kann (passives Wahlrecht).

Wahlsysteme

Wahlsysteme sind jene Verfahren, die regeln, wie die abgegebenen Stimmen der BürgerInnen in Mandate, Sitze und Ämter umgerechnet werden. Wahlsysteme bestimmen über die Zusammensetzung der gewählten Repräsentativorgane. In liberalen Demokratien ist eine große Variation von Wahlsystemen zu finden; eine Grobeinteilung wird entlang von Mehrheits- und Verhältniswahlsystem vorgenommen.

Wählerwille

Durch die Aggregation von Präferenzen entsteht der „Wählerwille" – in einer sozial konstruktivistischen Perspektive ist er jedoch als Artefakt zu betrachten. Die Funktion des Wählerwillens ist es, im konstitutionellen Rahmen kollektiv bindende Entscheidungen zu legitimieren. Auf dem politischen Feld gewinnt der instrumentelle Charakter an Bedeutung – der Wählerwille ist Teil einer politischen Kommunikationsstrategie, Inhalte, Themen, Personen, aber auch Koalitionsvarianten diskursiv zu legitimieren.

Tabellenverzeichnis

Register